AF590702

HENRI DUTRAIT-CROZON

LA JUSTICE RÉPUBLICAINE

L'UNION GÉNÉRALE. — LE PROCÈS WILSON
L'AFFAIRE HUMBERT. — LE PANAMA
L'ASSASSINAT DE CALMETTE. — LES HAUTES COURS

PARIS
[illegible]
[illegible]

LA JUSTICE RÉPUBLICAINE

DU MÊME AUTEUR
A LA MÊME LIBRAIRIE

Joseph Reinach Historien, avec une préface de CHARLES MAURRAS. Un volume in-8°.

Gambetta et la Défense Nationale (1870-1871). Un volume in-8°.

Précis de l'Affaire Dreyfus, édition définitive avec un répertoire analytique et un index des noms cités. Un volume in-8° de la collection *Les Écrivains de la Renaissance française*.

HENRI DUTRAIT-CROZON

LA JUSTICE RÉPUBLICAINE

PARIS
NOUVELLE LIBRAIRIE NATIONALE
3, PLACE DU PANTHÉON, 3

MCMXXIV

IL A ÉTÉ TIRÉ DE CET OUVRAGE
DOUZE EXEMPLAIRES NUMÉROTÉS
SUR PAPIER VERGÉ PUR FIL
DES PAPETERIES LAFUMA
- - - - A VOIRON - - - -

La Justice Républicaine

> Dans la république, les juges qui siègent ne dépendent que de leur conscience.
>
> (*Le président du conseil Poincaré à Léon Daudet, séance de la Chambre du 26 janvier 1924.*)

AVANT-PROPOS

Les derniers exploits de la magistrature républicaine — scandale de la B. I. C., non-lieu Paul Meûnier, rôle du président dans le procès Berton, condamnation de Charles Maurras, etc. — ont soulevé l'indignation publique. Il n'y avait cependant rien là qui pût surprendre. Un bref résumé de quelques-unes des affaires qui ont illustré le régime montrera que si, à la vérité, comme l'a proclamé le président du conseil Poincaré, les juges en république ne relèvent que de leur conscience, cette conscience les détermine toujours à se prononcer en faveur de ceux qui ont quelque attache avec le gouvernement et contre ceux qui lui sont manifestement hostiles ou, simplement, contrecarrent ses desseins. M. Raymond Poincaré, à l'inverse de son collègue Bar-

thou, ne croit pas qu'il y ait quelque gangrène dans la magistrature : en toute bonne foi, il n'imagine pas que c'est à son prestige politique qu'il a dû ses succès devant les cours et tribunaux. De même, c'est à son propre talent qu'Alexandre Millerand attribue les triomphes qu'il a remportés en faveur des liquidateurs de congrégations : il a oublié le temps où, petit avocat débutant, il voyait échouer piteusement ses plaidoiries pour quelque vague séide de Louise Michel.

Pourtant, dira-t-on peut-être, lors de l'exécution des décrets Ferry, certains tribunaux accueillirent les revendications des congrégations et, faisant pièce au gouvernement, se déclarèrent compétents pour déterminer le préjudice causé aux religieux. Mais « les précautions étaient prises », comme dit Hanotaux dans son « Histoire »; le garde des sceaux de l'époque, Cazot, réunit le tribunal des conflits, en prit la présidence et trancha la question. En outre, on inscrivit au programme républicain « l'épuration de la magistrature » et, finalement, une bonne loi suspendant l'inamovibilité permit de se débarrasser des magistrats peu complaisants. La leçon fut sévère à l'égard de ceux qui pensaient ne relever que de leur conscience; elle ne fut pas perdue pour les autres.

CHAPITRE PREMIER

L'UNION GÉNÉRALE

L'*Union générale*, fondée en 1878, était une banque catholique. Elle avait comme président du conseil d'administration M. Bontoux, qui, bien longtemps avant d'entrer en fonctions, avait étudié tout un plan économique et industriel relatif à l'Europe centrale. Il s'attacha à réaliser ce plan avec l'*Union générale* et à développer en Autriche, en Serbie et en Hongrie, chemins de fer et canaux. A cet effet, il créa à Vienne un établissement financier, la *Laender Bank*, « qui était en quelque sorte une incarnation de l'*Union générale* ».

Les débuts de l'affaire furent très brillants. Mais la spéculation se porta sur les titres qui, malgré les protestations de M. Bontoux, subirent une hausse exagérée. Une réaction était fatale. En outre, les succès matériels remportés en Europe centrale donnèrent ombrage à Bismarck. De son côté, la haute banque juive ne pouvait supporter la concurrence d'une œuvre catholique. Sous cette double pression, allemande et juive, une campagne à la baisse s'organisa. La réaction contre la hausse injustifiée des actions s'accentua. La panique commença à gagner les porteurs de titres. Ceci se passait fin janvier 1882. M. Bontoux, qui était à Vienne, fut appelé par dépêche. Il arriva à Paris le 21. Son premier soin fut d'ailleurs de verser dans la caisse de la société tout son argent personnel disponible, soit 500.000 francs déposés à la *Société générale*, et plus tard tout le reste de sa fortune.

Puis il examina la situation de la société et reconnut qu'elle n'était nullement désespérée. On convoqua les agents de change à une conférence pour le 1er février et les actionnaires à une assemblée générale fixée au 3 février. En outre, afin de donner toute garantie, on demanda au président du tribunal civil de nommer un administrateur provisoire, ce qui fut fait le 30 janvier.

C'est alors qu'intervint un haut magistrat, le procureur de la république Lœw, le même qui devait plus tard se distinguer encore, comme président de la chambre criminelle de la Cour de cassation, dans l'affaire Dreyfus.

Gambetta avait été renversé le 26 janvier. Freycinet le remplaçait, ayant, comme garde des sceaux, Gustave Humbert, celui qui monta « la plus grande escroquerie du siècle », l'histoire de la succession Crawford.

Comme on l'a vu, la crise de l'*Union générale* avait commencé vers le 19 janvier. Lœw n'entra en action que le 30, précisément le jour où Gustave Humbert prenait ses fonctions. Cette coïncidence entre « l'initiative » de Lœw et l'arrivée au pouvoir de Gustave Humbert autorise l'hypothèse que Lœw agit sur l'ordre d'Humbert, ou de connivence avec lui. Plus tard, d'ailleurs, lorsqu'éclata « l'affaire Humbert », il fut établi que, peu après la chute de l'*Union générale*, Gustave Humbert avait fait dans une banque un versement de 500.000 francs.

Quoi qu'il en soit, dans cette journée du 30, Lœw procéda à « une sorte d'enquête officieuse, tendant à l'éclairer sur son droit de réquisition », suivant les expressions d'Humbert à la Chambre des députés. Puis, le 31, il requit des mesures d'instruction, en même temps qu'il demandait à l'expert Flory un rapport sommaire. Il importait de se hâter, l'assemblée générale du 3 février devant très vraisemblablement fournir des capitaux pour rétablir la situation de l'*Union générale*. Un incident facilita à Lœw sa besogne. Le 1er février, un actionnaire vint le trouver pour lui demander conseil. Cet actionnaire avait « remis des fonds à l'*Union générale* pour les placer

« en report et il alléguait qu'aucun report n'avait « été effectué ». La moindre demande de renseignements eût permis à Lœw de savoir que le report avait été régulièrement fait; mais l'occasion était trop belle pour la laisser échapper. Il fit sur-le-champ rédiger à l'actionnaire une plainte en abus de confiance. Edouard Drumont a raconté la scène dans la *France juive devant l'opinion* : « Dans le cabinet du magistrat, en « quelque sorte sous sa dictée, avec son papier, « son encre, sa plume, la plainte mensongère « est signée ». Mais l'actionnaire est pris de scrupule, il veut retirer sa plainte, attendre jusqu'au lendemain. Lœw le congédie : sans perdre une seconde, il transmet la plainte au juge d'instruction, y joint le rapport « sommaire » de l'expert Flory, va voir le procureur général, le garde des sceaux, puis demande au juge d'instruction de décerner un mandat d'amener contre M. Bontoux et contre le directeur de l'*Union générale*, M. Feder Il y avait plainte en abus de confiance; on ajouta *escroquerie* pour corser le mandat d'amener et l'on agit d'urgence. La visite de l'actionnaire avait eu lieu « dans la journée » : à 6 heures du soir, M. Bontoux était arrêté dans ses bureaux, à un conseil d'administration auquel les agents de change étaient convoqués.

Cette arrestation était contraire aux précédents en la matière, à l'esprit de la loi, peut-être à sa lettre. Commentant l'article 91 du code d'instruction criminelle, qui spécifie que le juge d'instruction « pourra ne décerner qu'un mandat de comparution », le garde des sceaux de Serre, dans une circulaire du 10 janvier 1819, disait : « Le « législateur a ainsi indiqué qu'on ne doit pas, « sans motif grave, user de contrainte contre « un individu qui présente une garantie ». Au procès, Me du Buit, avocat de M. Bontoux, se fondant sur l'article 40 du même code, a souligné le caractère arbitraire de la mesure prise contre son client. Il est manifeste, en tout cas, qu'en l'espèce rien ne justifiait une arrestation préventive exécutée d'urgence.

Les motifs de l'arrestation étaient faux ; par la suite, ni l'abus de confiance ni l'escroquerie ne furent retenus. Enfin, le rapport de l'expert était erroné. M. Flory prétendait que l'*Union générale*, ayant à faire face à 4.121.000 francs de remboursements immédiats, ne disposait que de 1.074.000 francs. Mais, dans son rapport définitif, il était bien obligé de reconnaître que, pour parer à ces 4.121.000 francs de remboursements, l'*Union générale* avait dans ses caisses, à Paris et à Lyon, et à la Banque, 4.819.899 fr.

78 centimes, et qu'elle avait en outre à recevoir des agents de change 783.229 francs.

Ainsi donc, l'arrestation machinée par Humbert et Lœw était arbitraire, fondée sur une fausse inculpation, appuyée sur une expertise fausse. Mais, bien évidemment, cette arrestation devait déterminer l'effondrement de la société. Cependant, pour parer à tout événement, pour empêcher que peut-être, à l'assemblée générale du 3 février, un membre du conseil d'administration ne déterminât les actionnaires à sauver malgré tout l'*Union générale*, la société fut mise en faillite, le 2 février, par le tribunal de commerce, grâce au rapport « sommaire » Flory.

***

Le procès de M. Bontoux se poursuivit comme il avait commencé. L'instruction fut confiée à un juge atteint d'aliénation mentale et qui, peu après la clôture de l'instruction, fut arrêté à Genève, courant dans les rues, en caleçon, un parapluie à la main; il mourut avant l'ouverture des débats en correctionnelle. M. Bontoux, estimant avec quelque apparence de raison que l'instruction était viciée, demanda un supplément d'information. Lœw revint tout exprès de vacances pour s'opposer à cette requête. L'affaire vint enfin, le 5 décembre 1882, devant la

8e chambre correctionnelle. L'inculpation d'abus de confiance et d'escroquerie, qui cependant avait motivé le mandat d'amener, ne reposait sur rien et fut écartée. M. Bontoux, comme président du conseil d'administration, et M. Feder, comme directeur de l'*Union générale*, furent simplement poursuivis pour infraction à la loi de 1867 sur les sociétés et aux prescriptions de l'article 419 du code pénal visant la hausse illicite.

Dès le début de l'audience, Me du Buit souleva à nouveau la question relative à l'état mental du juge d'instruction. Le ministère public s'indigna de l'offense faite à la mémoire du « magistrat éminent » qui avait dirigé l'information et opposa des moyens de droit, que le tribunal accepta, et d'où il résulte qu'un tribunal « a le devoir » d'assurer l'exécution d'une ordonnance rendue par un fou.

MM. Bontoux et Feder furent condamnés, le 20 décembre, à cinq ans de prison et 3.000 fr. d'amende.

En appel, la cour, par arrêt du 19 mars 1883, réduisit la peine d'emprisonnement à deux ans. La cour écartait deux infractions à la loi de 1867, qui avaient été retenues par le tribunal, mais maintenait l'infraction prétendument commise à l'article 419 du code pénal relatif à la hausse ou à la baisse « du prix des denrées ou marchandises ou des papiers et effets publics », jugeant que les actions d'une société étaient une marchandise. La cour de cassation, le 23 juin 1883, ratifia cette doctrine. Mais cette jurisprudence, assimilant les actions d'une société à une marchandise, n'a plus été appliquée par la suite; diverses cours d'appel, et la cour de cassation elle-même, ont décidé que l'article 419 ne pouvait atteindre la hausse ou la baisse des titres des sociétés. Créée pour l'*Union générale*, cette jurisprudence ne servit qu'une fois.

A la liquidation, les créanciers touchèrent 95 %.

Pour l'*Union générale*, les créanciers subissent une perte très faible; le président du conseil d'administration se ruine et encourt deux ans de prison et 3.000 francs d'amende.

Pour la Banque industrielle de Chine, 500 millions s'envolent en fumée; André Berthelot s'enrichit et enrichit sa famille : il encourt 3.000 fr. d'amende.

CHAPITRE II

WILSON ET LE TRAFIC DES DÉCORATIONS

Le 7 octobre 1887, le journal le *XIXe Siècle*, dirigé d'ailleurs par un maître chanteur qui devait, un peu plus tard, s'assurer la collaboration d'Alexandre Millerand, signalait qu'un général « tenait boutique de décorations de la Légion « d'honneur dans les bureaux mêmes de la rue « Saint-Dominique ». Il s'agissait du général Caffarel, sous-chef d'état-major général. Antérieurement à cet article, dès le 29 septembre, le préfet de police Gragnon avait ouvert une enquête à ce sujet : un inspecteur de la Sûreté, se faisant passer pour un négociant désireux d'être décoré, s'était adressé à une dame Limouzin, signalée comme servant d'intermédiaire dans ces trafics, et cette femme l'avait mis en relations avec le général Caffarel. Le préfet de police, inculpant la dame Limouzin d'escroquerie, avait décerné contre elle un mandat d'amener et avait fait procéder à une perquisition à son domicile. Une instruction fut ouverte le 9 octobre, et confiée au juge Laurent-Atthalin. De nouvelles perquisitions opérées, tant chez le général Caffarel que chez la dame Limouzin, et certains témoignages, mirent en cause, avec quelques personnages de moindre importance, une dame Ratazzi et le général d'Andlau, sénateur de l'Oise, qui avait été, en 1870, attaché à l'état-major du maréchal Bazaine, et dont le livre, *Metz, campagne et négociations*, publié à son retour de captivité, avait en somme servi de base à l'accusation contre son ancien chef.

Le général Caffarel fut mis en réforme le 19 octobre et poursuivi au civil. Quant au général d'Andlau, il prit la fuite et mourut le 27 mai 1894, à l'hôpital de Buenos-Aires.

Le bruit courut qu'au cours des perquisitions on avait trouvé des lettres de Daniel Wilson, député de Loches, ancien sous-secrétaire d'État aux finances, et gendre du président de la république Grévy. Au cours de leur interrogatoire, les dames Limouzin et Ratazzi déclarèrent qu'elles agissaient de complicité avec Wilson; mais, confrontées avec lui, elles se rétractèrent. Néanmoins, Wilson, « Monsieur Gendre », fut l'objet d'une campagne de presse. On lui reprochait de timbrer ses lettres personnelles avec la griffe de la présidence de la République, pour bénéficier de la franchise postale. On signalait que ses fournisseurs étaient presque tous décorés. Comme disait Rochefort, on se demandait si la famille Wilson-Grévy n'en arriverait pas à « solder, au « moyen de rubans plus ou moins rouges, ses « notes de restaurant ». Wilson versa au trésor une somme de 40.000 francs en remboursement du port de ses lettres indûment envoyées en franchise, mais il ne fut pas inculpé dans l'instruction Laurent-Atthalin : il n'y avait rien de « sérieux » dans les accusations portées contre lui; « il n'y avait aucune complicité de M. Wilson », aux dires du substitut Lombard.

Les débats commencèrent à la 10e chambre : le 7 novembre comparaissaient le général Caffarel, les dames Limouzin et Ratazzi, et quelques comparses. Défaut fut prononcé contre le général d'Andlau.

Un incident se produisit le 9. Parmi les papiers saisis chez la dame Limouzin par le chef adjoint de la Sûreté Goron, sur l'ordre du préfet de police, se trouvaient deux lettres de Wilson, écrites sur papier à en-tête de la Chambre des députés et datées de mai et juin 1884. Au cours de l'instruction, la dame Limouzin n'avait pas retrouvé ces lettres dans les scellés qu'on lui représentait : sur sa réclamation, la préfecture de police remit les lettres en question, mais la dame Limouzin éleva des doutes sur leur authenticité. Or, à l'audience, un témoin, représentant de la maison qui fabriquait le papier à lettres de la Chambre des députés, déclara que le filigrane des lettres figurant au dossier, et datées de 1884, n'avait été employé par sa maison qu'à partir de septembre 1885. Le substitut dégagea la responsabilité du parquet : il fut reconnu en effet que lesdites lettres avaient été remises par la Sûreté.

L'affaire fut portée à la Chambre le lendemain 10 novembre. Contrairement au principe de la séparation des pouvoirs, si cher à M. Poincaré, le garde des sceaux Mazeau, après avoir déclaré qu'il ne connaissait pas le dossier, qu'il ne pouvait rien faire avant que le jugement fût rendu, fut invité à faire ouvrir une information judiciaire immédiate, et s'exécuta. Le tribunal ajourna le procès en ce qui concernait le général Caffarel et la dame Limouzin, et ordonna leur mise en liberté provisoire, mais retint l'affaire pour le général d'Andlau, qui fut condamné par défaut à cinq ans de prison, 3.000 francs d'amende, dix ans d'interdiction de droits civiques, et pour la dame Ratazzi, qui fut condamnée à treize mois de prison et 2.000 francs d'amende. Le général Caffarel fut plus tard condamné à 3.000 fr. d'amende et la dame Limouzin à six mois de prison.

***

Mais, à la suite de l'incident relatif à la substitution des lettres, l'instruction réclamée par la Chambre avait été ouverte contre le préfet de police Gragnon, comme auteur principal de « soustraction, détournement ou suppression de « titres ou actes », et contre Wilson et Goron comme complices. Le préfet de police fut en outre suspendu de ses fonctions et Goron, qui, entre temps, avait été nommé chef de la Sûreté, fut mis en disponibilité.

Le 13 décembre, la chambre des mises en accusation rendit une ordonnance de non-lieu général. En ce qui concernait Goron, il fut établi qu'il avait rempli fidèlement la mission dont on l'avait chargé et sa mise hors de cause n'avait nécessité de la part de la cour aucun effort d'imagination.

La question était plus délicate pour Wilson et pour Gragnon. Ceux-ci niaient, l'un d'avoir refait les dites lettres, l'autre de les avoir substituées aux lettres originales. Or, il résultait de constatations « offrant le caractère le plus précis » que l'outillage pour la fabrication du papier des lettres figurant au dossier n'avait été fabriqué lui-même que plus d'un an après la date inscrite sur les lettres. Ceci posé, la cour établir le raisonnement suivant :

Elle déclara « démontré » que Wilson s'était « prêté à la substitution des lettres », « constant » qu'il les avait fabriquées. Evidemment, Wilson n'avait pu fabriquer les lettres que postérieurement à la disparition des originaux; par suite il n'avaît pas « nécessairement » participé à cette disparition. Il n'était pas en outre « démontré » qu'il eût « provoqué la destruction ou le détournement des lettres », ni qu'il y eût « aidé ». Donc, il ne pouvait être inculpé de complicité de ce détournement, aux termes du code pénal.

Il ne pouvait non plus être inculpé de faux, car la femme Limouzin déclarait que les lettres refaites étaient identiques aux lettres originales. Wilson avait refait les lettres uniquement « pour « enlever tout prétexte aux réclamations de la « femme Limouzin ». En serrant un peu plus la question, la cour aurait fini par découvrir dans l'acte de Wilson une intention charitable, digne de tous éloges.

Quant à Gragnon, on ne pouvait lui appliquer l'article 173 du code pénal visant la destruction ou le détournement d'actes ou de titres, car les lettres missives en question ne pouvaient être assimilées à des « actes et titres ». On ne pouvait non plus lui appliquer les articles 254 et 255, qui visent le détournement de pièces de procédure par celui qui en est dépositaire : Gragnon, en effet, avait bien reçu les lettres des mains de Goron, mais Goron avait saisi les lettres par ordre de Gragnon et, par suite, Gragnon avait en somme opéré la saisie lui-même. Donc personne ne lui avait fait dépôt des pièces saisies. Donc enfin il n'était pas dépositaire.

En résumé, Gragnon avait « méconnu les rè-« gles tracées par la loi en matière de saisie »; il avait « arbitrairement disposé des lettres saisies « et cherché à dissimuler la disparition de ces « lettres en y substituant des lettres nouvelles ». Wilson avait prêté son « concours à cette substitution », et rien de plus.

Ces pratiques devaient être réprouvées « hautement », mais il fallait « reconnaître » qu'elles ne tombaient « sous le coup d'aucune disposition pénale ».

L'argumentation ci-dessus s'applique sans en changer un mot à tout juge d'instruction ou officier de police judiciaire, lequel peut donc à son gré « disposer arbitrairement » des objets d'une saisie, « substituer » des documents à d'autres, etc. Celui qui prête son « concours à cette substitution », qui, de cette manière, « enlève tout prétexte aux réclamations » des parties lésées, ne peut être considéré comme complice « aux termes des articles 59 et 60 du code pénal ». Telle est la jurisprudence qu'imagine la justice républicaine quand il s'agit de sauver un haut personnage du régime.

*
* *

Wilson était donc hors d'affaire. Mais entre temps, le 2 décembre, Grévy, à la suite de ces scandales, avait dû se démettre de sa charge, et « Monsieur Gendre » fut à nouveau signalé à l'attention publique.

La dame Ratazzi, en effet, avait fait appel du jugement de la 10e chambre; l'affaire revint devant la cour le 27 décembre. Le défenseur, Me de Saint-Auban, soutint que sa cliente n'était pas coupable d'escroquerie en s'entremettant pour faire décorer ses pratiques, qu'elle jouissait d'un crédit réel et non « imaginaire », et, à l'appui de sa thèse, il prouva qu'avec l'aide de Wilson elle avait fait décorer un industriel, M. Legrand. La peine de Mme Ratazzi fut réduite à six mois de prison.

Cette révélation détermina l'ouverture d'une nouvelle instruction. Une enquête préliminaire fut faite par M. Dulac, commissaire aux délégations judiciaires. Confronté avec la dame Ratazzi, Legrand reconnut qu'elle avait dit la vérité; mais, devant Wilson, il se rétracta et Mme Ratazzi se montra « hésitante ». Legrand expliquait d'ailleurs ensuite à M. Dulac que Wilson lui avait dit : « Niez quand même; ils n'ont pas de preuves; ils ne peuvent rien contre nous ».

Le 5 janvier 1888, l'instruction fut confiée au juge Vigneau, qui s'occupait déjà d'instruire contre des individus en relations avec Wilson. Le 6, M. Vigneau alla interroger Legrand à son domicile. Legrand affirma que M. Dulac avait menti en relatant les propos de Wilson; toutefois le juge constata que Legrand avait fait disparaître toute la correspondance échangée avec la femme Ratazzi et il saisit un reçu de 3.000 fr.

M. Vigneau était convaincu que Legrand agissait à l'instigation de Wilson. Il voulut en avoir la preuve. Le lendemain matin, 7 janvier, il se rendit à un bureau de téléphone et se fit mettre en communication avec Legrand. Ce dernier étant atteint de surdité, ce fut un de ses employés qui répondit. A la question : « Qu'y a-t-il de nouveau? » l'employé fit savoir qu'*ils* étaient venus la veille et avaient saisi *le* reçu de 3.000 francs. L'employé ayant demandé à son tour à qui il parlait, le juge répondit : « C'est du bureau té« léphonique de l'avenue d'Iéna ». Wilson habitait chez son beau-père un hôtel avenue d'Iéna. L'employé ayant ajouté : « Ils n'ont pas saisi les

« lettres Ratazzi, elles sont en lieu sûr », le juge, craignant de recevoir des révélations, rompit la communication.

Rentré au Palais, il alla trouver le procureur de la république, lui rendit compte de l'incident et exposa la nécessité de faire arrêter Wilson qui tenait sous son influence le seul témoin important. Malgré le principe de la séparation des pouvoirs, celui du secret de l'instruction, et tous autres qui, d'après M. Raymond Poincaré, sont à la base de nos institutions démocratiques, le procureur de la république alla en référer au garde des sceaux Fallières, qui fit inviter M. Vigneau à « réfléchir encore », et à confronter à nouveau Wilson et Legrand avec M. Dulac. Le procureur général, mis au courant, blâma vivement M. Vigneau pour le fait du téléphone, et lui annonça qu'il allait y avoir une affaire Vigneau au lieu d'une affaire Wilson. Le lundi 9, en effet, M. Vigneau reçut l'ordre de suspendre toute information. Le lendemain, il était interrogé par le premier président, relevé de ses fonctions de juge d'instruction par décret du 10 janvier, puis déféré au conseil supérieur de la magistrature qui, d'ailleurs, ne lui infligea que la peine la plus légère, la censure simple.

En usant du téléphone, le juge avait simplement voulu vérifier un fait dont il était sûr. Il n'avait pas cherché de preuves sur le fond de l'affaire, puisqu'il avait coupé la conversation au moment où elle devenait compromettante pour les prévenus. La règle du secret de l'instruction n'empêcha cependant pas de le frapper : mais elle interdit, paraît-il, selon le président Poincaré, de sévir contre un fonctionnaire qui abuse de sa situation de témoin pour déverser « un torrent d'horreurs » — dont il a d'ailleurs soin de ne pas se porter garant — sur un plaignant, à la condition, bien entendu, que ce plaignant soit un ennemi du régime (1).

*
* *

L'instruction fut continuée par M. Laurent-Atthalin et aboutit au renvoi de Wilson, de la dame Ratazzi et de trois autres individus devant la 10e chambre. Les audiences se tinrent du 16 au 23 février. Trois chefs d'accusation étaient retenus contre les prévenus, à savoir : escroquerie, ou tentative d'escroquerie, au préjudice des nommés Legrand, Belloc et Crespin de la Jean-

(1) Voir séance de la Chambre des députés du 28 février 1924, interpellation de M. Ferdinand Buisson sur « les mesures que le gouvernement compte prendre pour « qu'aucune administration publique ne se croie en droit « d'énoncer incidemment contre un citoyen quelconque des « accusations odieuses sans en assumer la responsabilité ».

nière, à qui on aurait promis la Légion d'honneur. Mme Ratazzi, impliquée dans le seul fait Legrand, fut acquittée, ce fait n'ayant pas été retenu par le tribunal, non plus que le fait Belloc. Pour le fait Crespin de la Jeannière, le tribunal jugea qu'il y avait eu, non pas seulement promesses de démarches pour faire obtenir la croix, mais « promesse ferme de la décoration « de la Légion d'honneur pour une époque déter- « minée », que Wilson savait que, « malgré toute « son influence, il ne pouvait faire promettre en « son nom avec certitude une chose qu'il ne « dépendait pas de lui de pouvoir livrer », et que Crespin avait versé 20.000 francs pour « l'espérance d'un événement purement chimérique ». Le tribunal constatait en outre que Wilson, « au « mépris de toute pudeur et de toute dignité, « avait transformé son cabinet, qu'il avait au « palais même de l'Élysée, en une véritable agen- « ce d'affaires où, sur la recommandation et sou- « vent avec le concours des gens les plus « suspects, il s'occupait notamment du trafic « des décorations »; il lui refusait les circonstances atténuantes, vu « sa haute situation « politique et de famille », et parce qu'il avait « offensé la conscience et la moralité publique « et failli même compromettre l'honneur et la « dignité nationale », et le condamnait à deux ans de prison, 3.000 francs d'amende et cinq ans d'interdiction de droits civiques.

Mais Wilson alla en appel et, le 26 mars, contrairement aux conclusions de l'avocat général, la cour l'acquittait. Il était inexact qu'il y eût eu « promesse ferme pour une époque déter-« minée d'une croix dont il se targuait de dis-« poser ». Wilson n'avait pas trompé Crespin de la Jeannière : il avait bien fait les démarches dont Crespin lui avait payé le prix. Il n'y avait dans l'affaire que des « défaillances morales » ne tombant pas sous le coup de la loi.

Ainsi, par arrêt de justice, il était proclamé qu'il suffisait de puissantes recommandations pour se faire décorer et que, par suite, celui qui pouvait faire ces recommandations en exigeait à bon droit le prix, en d'autres termes que la Légion d'honneur était au plus offrant. C'était d'ailleurs vérité banale en République. La Cour d'appel lui donna l'autorité de la chose jugée.

Wilson revint siéger à la Chambre quelques mois plus tard, ce qui offusqua la pudeur de ses collègues, en particulier d'Alexandre Millerand; la séance fut même suspendue. Wilson ne se représenta pas aux élections de 1889, mais il eut bientôt la nostalgie du parlement et se fit renommer par ses fidèles électeurs de Loches en

1893; il siégea jusqu'en 1902, puis abandonna la politique. Il mourut le 13 février 1919.

Et, depuis, la justice républicaine n'a plus eu à s'occuper du trafic des décorations, l'arrêt précité de la Cour d'appel ayant proclamé la liberté de ce genre de commerce.

CHAPITRE III

L'AFFAIRE HUMBERT

Gustave-Amédée Humbert, « l'ancêtre », naquit à Metz en 1822. En 1870, il était professeur de droit romain à Toulouse. Au 4 septembre, il ne se mêla pas au mouvement révolutionnaire, mais, le 8 février 1871, il fut envoyé à l'Assemblée nationale comme élu d'une liste comprenant des légitimistes et des orléanistes et où il figurait à titre de « républicain incolore », au dire de Duportal, le préfet de Gambetta. En 1875, il fut élu sénateur inamovible. Le 29 décembre 1877, Dufaure l'appela aux fonctions de procureur général près la cour des comptes, qu'il conserva jusqu'au 28 octobre 1880. Le 30 janvier 1882, il fut garde des sceaux dans le cabinet Freycinet. En 1883, il devenait vice-président du Sénat, et en 1890 premier président de la cour des comptes. Il mourut le 24 septembre 1894.

Sa science du droit, sa connaissance de tous les artifices de la procédure devaient lui permettre de combiner, puis de mettre en œuvre le mécanisme de « la plus grande escroquerie du siècle », selon l'expression de Waldeck-Rousseau.

A la vérité, le moindre sens critique, le moindre scrupule professionnel de la part des magistrats leur eussent permis de couper court, dès le début, à cet ensemble de manœuvres frauduleuses qui devaient se poursuivre pendant près de vingt ans. Mais Gustave Humbert était un personnage de « la noblesse républicaine » , comme disait Mme Floquet. Son nom, ses titres, ses fonctions mettaient parquets, cours et tribunaux à sa disposition et, après sa mort, le prestige républicain de « l'ancêtre » couvrit encore la famille pendant longtemps.

Le 7 septembre 1878, Gustave Humbert maria son fils Frédéric à une demoiselle Marie-Thérèse Daurignac. Le mariage se fit à Beauzelle, petit village de la Haute-Garonne. Déjà, paraît-il, à cette époque, Marie-Thérèse Daurignac parlait d'un héritage qu'elle devait recueillir; il était également question d'un certain château de Marcotte, dont elle était propriétaire ou héritière, sans que toutefois on ait jamais pu savoir où était situé le dit château. Gustave Humbert, ancien professeur de droit, ne se préoccupa nullement de l'apport dotal de sa bru; ce juriste expérimenté ne pensa pas qu'il était prudent de sauvegarder les droits et les responsabilités de son fils dans la gestion de cette dot, et il accepta qu'aucun contrat de mariage ne fût passé. Le fait est d'autant plus étrange que Frédéric n'était majeur que depuis un mois et demi lorsqu'il se maria, étant né le 19 juillet 1857. Il paraît vraisemblable que le beau-père n'avait aucune illusion sur les « réalités » qu'apportait Thérèse Daurignac et que, dès cette époque, s'ébauchait dans son esprit le plan d'une combinaison quelconque fondée sur la réputation de fortune de sa bru. En tout cas, l'ignorance où il était de l'emplacement du château de Marcotte ne l'empêcha pas d'user de son crédit auprès d'un banquier de Narbonne pour faire obtenir au jeune ménage une hypothèque sur cette propriété imaginaire.

Frédéric Humbert et sa femme s'installèrent à Paris, rue Monge, mais, en janvier 1882, ils quittèrent ce quartier peu aristocratique pour aller occuper, rue Fortuny, un hôtel d'un loyer de 13.000 francs.

Leur situation de fortune avait donc brusquement changé? Il est à remarquer que c'est à la fin de ce mois de janvier 1882 que Gustave Humbert devint garde des sceaux. Il est vrai que, conformément à une tradition républicaine toujours en vigueur, il prit son fils comme chef de cabinet : mais il est difficile de croire que les appointements de Frédéric suffirent à eux seuls pour permettre ce changement d'existence. On se rappellera d'ailleurs que la première mesure, prise d'urgence par Gustave Humbert à son entrée en fonctions, fut pour provoquer l'effondrement de l'*Union générale* et que, par la suite, il fut prouvé qu'à ce moment Gustave Humbert fit, au moins, un versement de 500.000 francs dans une banque.

Ainsi, au commencement de 1882, les Humbert commencent à mener grand train, très probablement avec l'argent provenant de l'affaire de l'*Union générale*. Il fallait justifier de cette fortune si brusquement acquise; il fallait aussi se procurer des ressources pour continuer ce genre de vie : la famille inventa l'histoire de la succession Crawford.

On annoncera donc que Thérèse a fait un héritage considérable, mais qu'un procès avec les neveux du testateur l'empêche d'entrer en jouissance, et on contractera des emprunts remboursables sur le dit héritage lorsque le procès sera gagné.

Quel fut le rôle de Gustave Humbert dans cette machination? Bien entendu, on a essayé de le mettre hors de cause. Mais il a été établi, et par l'instruction judiciaire et par l'enquête parlementaire, qu'il fit tout exprès un voyage dans le Midi pour annoncer l'héritage de sa bru, qu'il s'entremit pour obtenir des prêts d'argent à valoir sur la succession, qu'à maintes reprises il parla à des tiers du procès de ses enfants et de ses difficultés personnelles avec les neveux Crawford, etc. En un mot, il apparaît comme ayant été entièrement au courant de l'affaire, qui d'ailleurs ne put être montée que par un maître de la procédure.

La manœuvre ainsi dirigée réussit. Des sommes considérables — une vingtaine de millions — furent escroquées, grâce auxquelles les Humbert achetèrent des propriétés, entre autres le domaine de Celeyran, dans l'Aude, et le château de Vives-Eaux, près de Melun. Frédéric Humbert se fit nommer député de Seine-et-Marne en 1885, mais ne fut pas réélu en 1889.

Les châtelains de Vives-Eaux recevaient les hauts personnages de la République. Des photographies étaient prises pour conserver le souvenir de ces réunions; mais, lors de l'instruction judiciaire, le parquet de Melun fit détruire les 3.000 clichés composant cette collection. Les escrocs étaient démasqués, il s'agissait de sauvegarder le plus possible le prestige du régime.

Non seulement la manœuvre réussit, mais elle se prolongea pendant près de vingt ans, suivant un scénario procédurier auquel tribunaux, cours d'appel et de cassation firent l'accueil le plus empressé, sans même s'apercevoir que les protagonistes étaient imaginaires.

Dans le courant de 1882, les Humbert répandirent le bruit qu'un certain Henri-Robert Crawford, Américain cent fois millionnaire, était décédé en léguant, par un testament fait à Nice le 6 septembre 1887, tous ses biens à Marie-Thérèse Daurignac. Mais, peu après, deux neveux du testateur, les sieurs Henri et Robert Crawford, également américains et riches de quatre cents millions, s'étaient présentés, opposant au premier testament un autre testament, daté aussi de Nice et du 6 septembre 1877, aux termes duquel l'oncle léguait un tiers de sa fortune à Marie Daurignac, sœur puînée de Thérèse, et un tiers à chaque neveu, à charge par ceux-ci de faire à Thérèse une rente viagère de 30.000 fr. par mois.

Thérèse Humbert, cependant, était « entrée en possession », mais, pour éviter un procès, les Humbert et les Crawford avaient fait, le 14 mars 1883, une convention d'après laquelle les Humbert étaient constitués séquestres de toute la fortune du testateur jusqu'à la majorité de Marie Daurignac, sous la condition expresse de ne distraire rien de la dite fortune, à peine d'être déchus de leurs droits. Enfin, le 9 décembre 1884, les deux neveux Crawford se désistaient de toute prétention à la succession de leur oncle, à condition de recevoir trois millions chacun à titre de transaction.

Ainsi Thérèse allait avoir la jouissance de l'héritage et être en mesure de rembourser les sommes qu'elle avait empruntées dès l'annonce du décès de l'oncle Crawford. Malheureusement, les neveux Crawford se refusèrent à exécuter la transaction et le procès commença le 31 octobre 1885. Les Crawford, représentés par avoués et avocats, opposèrent l'incompétence du tribunal de la Seine, firent défaut, opposition, appel, requête en règlement de juges, pourvoi en cassation. Ils furent partout déboutés, le tribunal de la Seine fut reconnu compétent et, le 3 janvier 1890, la cour valida la transaction du 9 décembre 1884.

Naturellement, les deux Crawford se pourvurent en cassation contre cet arrêt; mais, le 6 juillet 1891, Robert se désista de son pourvoi, s'engageant à faire désister son frère. L'affaire semblait terminée. Mais elle rebondit. En effet, Henri Crawford soutint, toujours par avoué et avocat, que les Humbert, en obtenant le désistement de Robert, avaient violé la convention de 1883 et que, par suite, ils étaient déchus de leurs droits; il les assigna en conséquence. Robert intervint de son côté, et cette comédie se prolongea jusqu'au 30 novembre 1896. Les Humbert triomphaient sur toute la ligne. Toutefois ils eurent un scrupule : étant mis en possession de la succession, pouvaient-ils, sans violer la convention de 1883, prélever sur la succession les six millions qu'ils devaient verser aux Crawford, d'après la transaction de 1884? Ils posèrent cette délicate question à la justice, et avec les défauts, appels, pourvois, etc., ils n'eurent « gain de cause » que le 26 juin 1901, par suite du désistement des Crawford d'un pourvoi en cassation. Cette fois, l'affaire paraissait close; mais les Crawford étaient tenaces : alléguant la situation obérée des Humbert, ils introduisirent une demande en référé pour faire verser à la caisse des dépôts et consignations l'actif de la succession.

Cependant les créanciers des Humbert s'impatientaient. Ils finirent par trouver le vrai moyen de se faire rendre justice en république et prirent pour avocats des hommes politiques. Waldeck-Rousseau plaida contre les Humbert. Un juif, Cattauï, chargea de ses intérêts Vallé, le futur garde des sceaux de Combes. Vallé écrivit une lettre comminatoire au ministre des finances le mettant en demeure de faire connaître si une succession Crawford avait été ouverte en 1883.

Sur l'instance d'un autre créancier, qui demandait la nomination d'un séquestre judiciaire, le tribunal, le 6 mai 1902, conformément d'ailleurs à l'offre de l'avocat des Humbert, ordonna qu'il serait procédé à l'inventaire du coffre-fort contenant les valeurs de la succession Crawford. Le coffre-fort était vide, bien entendu. Quant aux Humbert, ils s'étaient, l'avant-veille, enfuis en Espagne. Ils furent arrêtés le 20 décembre suivant à Madrid, déférés à la Cour d'assises et condamnés, le 22 août 1903, à cinq ans de réclusion. Deux frères de Thérèse, mêlés à une autre escroquerie, l'affaire de la *Rente Viagère*, encoururent, l'un trois ans, l'autre deux ans de prison.

***

Ainsi, pendant dix-sept ans, la magistrature de Paris avait jugé sur le testament d'un individu, prétendu cent fois millionnaire, mais n'ayant pas de domicile connu et décédé on ne savait où. Aucun juge n'avait eu l'idée de réclamer l'acte de décès du personnage en question, bien que cet acte de décès dût être à l'origine de la procédure; aucun juge non plus n'avait pensé à se faire présenter le testament prétendument olographe, alors que la loi a édicté toute une série de mesures à prendre par l'autorité judiciaire pour les testaments de cette sorte (1); aucun juge enfin ne s'était avisé que les neveux Crawford, riches à millions, n'avaient pas de domicile, que les assignations lancées contre eux les avaient touchés dans des hôtels garnis, que c'était également dans des hôtels garnis qu'ils élisaient domicile pour ester en justice, et qu'ainsi toute la procédure engagée contre eux et par eux était nulle.

Pendant dix-sept ans, les magistrats ont jugé « tranquillement sur tous les faux apportés à la « barre », a dit le rapporteur de la commission d'enquête.

Parmi ces magistrats, mention particulière doit être réservée à Baudouin, président du tribunal civil de la Seine, plus tard procureur général, puis premier président de la cour de cassation. Celui-là était tout acquis aux escrocs : il permit de reproduire, sur papier à en-tête du « Tribunal civil de la Seine, première chambre,

(1) Article 1007 du code civil : « Tout testament olo« graphe sera, avant d'être mis à exécution, présenté au « tribunal de première instance de l'arrondissement dans « lequel la succession est ouverte. Ce testament sera ouvert, « s'il est cacheté. Le président dressera procès-verbal de « sa présentation, de l'ouverture et de l'état du testament, « dont il ordonnera le dépôt entre les mains du notaire « par lui commis. »

« M. Baudouin, président », le texte des deux testaments Crawford, leur donnant ainsi une apparente garantie d'authenticité. En outre, il défendait les Humbert contre leurs créanciers; ou bien il se refusait à inscrire les procès au rôle, ou bien il déboutait les plaignants en leur déclarant, comme par exemple dans un jugement du 27 novembre 1895, « qu'ils étaient garantis tant « par la succession Crawford que par l'aval de « Mlle Daurignac qui, quelle que fût l'issue du « procès (Crawford), leur donnait toute garan- « tie ». On conçoit l'inquiétude d'un ami des Humbert, leur écrivant, après la nomination de Baudouin comme procureur général près la cour de cassation (25 juillet 1901), ces lettres versées à la commission d'enquête où on lit : « Vous n'avez plus Baudouin; qu'allez-vous de- « venir? » et, à nouveau : « Vous n'avez plus « Baudouin pour vous soutenir. Vous avez la « parole de Ditte (le successeur de Baudouin), « mais êtes-vous sûr de pouvoir y compter? »

En effet, Baudouin ne soutint plus les Humbert qui n'étaient plus soutenables : il allait s'occuper de « soutenir » Dreyfus.

Et Baudouin mourut premier président de la cour de cassation, grand-officier de la Légion d'honneur, ayant illustré sa carrière par la défense des Humbert et la réhabilitation de Dreyfus. Quels plus beaux titres de gloire pour le plus haut dignitaire de la magistrature républicaine?

CHAPITRE IV

LE PANAMA

1. *Les Administrateurs. — Eiffel.*

Le principe de la séparation des pouvoirs a été placé à la base de la constitution du 3 septembre 1791 : « Toute société dans laquelle la séparation « des pouvoirs n'est pas déterminée n'a point de « constitution », est-il dit dans la déclaration préliminaire des « Droits de l'homme et du citoyen »; et, dans la constitution même : « Le « pouvoir judiciaire ne peut, en aucun cas, être « exercé par le corps législatif ni par le roi », c'est-à-dire ni par le pouvoir législatif ni par le pouvoir exécutif, lequel, aux termes de la constitution, « résidait exclusivement dans la main « du roi ».

Ce principe, fondement, paraît-il, de nos institutions démocratiques, est passé à l'état de dogme. Il fournit au gouvernement une échappatoire commode lorsqu'on l'interroge sur quelque fait dont est saisi le pouvoir judiciaire. Le gouvernement se retranche alors derrière « la séparation des pouvoirs », il invoque les grands ancêtres, demande si l'on veut ranger la France parmi les nations qui « n'ont pas de constitution ».

Ainsi, le « pouvoir judiciaire » est souverain dans son domaine. A lui, et à lui seul, appartiennent la recherche et la répression des crimes et délits. Telle est la théorie; la pratique est quelque peu différente. Lorsqu'une affaire peut « engager le gouvernement », « l'initiative n'appartient jamais au parquet », a dit le procureur général Quesnay de Beaurepaire; « c'est une règle invariable ». Le parquet donne son avis, « à titre consultatif seulement »; ensuite, il n'a qu'à « attendre les ordres » du ministre. « Tout ceci est élémentaire », a précisé le même magistrat. Un criminaliste réputé, M. Le Poittevin, a de son côté déclaré : « C'est le procureur de la ré« publique, ou le procureur général, et, dans « une certaine mesure, M. le garde des sceaux, « qui, en France, est le chef de l'action publi« que »; et, parachevant sa pensée, il a donné la formule définitive : « Le procureur général « n'est guère que le substitut de M. le garde des « sceaux. »

Cette « règle invariable » de la subordination du parquet à « M. le garde des sceaux » a trouvé une application particulière dans l'affaire du Panama.

*
* *

L'idée de percer le canal de Panama avait été examinée dès 1871 par le congrès des sciences géographiques qui se tint à Anvers, et auquel Ferdinand de Lesseps assista comme délégué français. En 1875, à la suite d'un nouveau congrès tenu à Paris, un vœu fut émis, invitant « les gouvernements intéressés à l'ouverture « d'un canal interocéanique » à poursuivre « les études avec le plus d'activité possible ». En 1876, la Société de géographie de Paris nomma un comité pour l'étude du percement du canal interocéanique et de Lesseps fut désigné comme directeur. Mais, en même temps, le général hongrois Türr et M. Bonaparte-Wyse organisèrent une société civile chargée de faire procéder aux explorations préliminaires. Celles-ci ayant été terminées en 1878, la société du général Türr obtint du gouvernement colombien la concession du privilège exclusif du percement et de l'exploitation du canal de Panama, ce privilège étant accordé pour une durée de 99 ans à dater de l'ouverture du canal.

Le 15 mars 1879, Ferdinand de Lesseps convoqua à Paris un congrès dénommé « congrès international du canal interocéanique ». Il y déclara qu'il avait « accepté de se mettre à la

« tête de l'entreprise », attendu que « si l'on de-« mande à un général qui a gagné une pre-« mière bataille s'il veut en gagner une secon-« de, il ne peut pas refuser ». Le prestige de Lesseps était alors considérable. On avait oublié son rôle à Rome en 1849, ses relations, comme agent diplomatique français, avec les insurgés républicains qu'attaquait le général Oudinot, rôle qui lui valut le blâme du conseil d'Etat et l'obligation de demander sa mise en disponibilité. On ne voyait en lui que le créateur du canal de Suez. Il fut acclamé par le congrès, salué du titre de « citoyen du monde entier »; le soir de cette même journée, à un banquet, Gambetta, qui n'était jamais court de formules oratoires, l'appela « le grand Français ». Ce « grand Français » devait consommer la ruine de plusieurs centaines de mille de ses compatriotes.

Ferdinand de Lesseps s'occupa sans tarder de lancer l'affaire. Au mois d'août, il émit 800.000 actions de 500 francs pour constituer un capital de 400 millions. Il comptait que son nom seul suffirait à rallier des souscripteurs et il négligea d'intéresser à l'émission la presse et la finance : aussi l'échec fut-il complet, 60.000 actions seulement furent souscrites.

Il fallut donc renouveler l'appel au public. Cette fois, aucun moyen ne fut omis. On créa, le 1er septembre 1879, un *Bulletin du canal interocéanique*, dans lequel on reproduisait et commentait, en les présentant comme sincères, des articles qu'on avait préalablement fait passer dans la presse. Puis on institua une *commission technique internationale* chargée d'aller étudier sur place les conditions de l'entreprise. D'après les conclusions de cette commission, les travaux proprement dits s'élèveraient à 843 millions, le cube à extraire serait de 75 millions de mètres, et la durée des travaux de 8 ans. Mais, dans le *Bulletin*, de Lesseps réduisit à 658 millions l'évaluation des frais faite par la commission; puis il demanda à deux entrepreneurs réputés, MM. Couvreux et Hersent, d'établir un devis. Ce devis fut publié dans le *Bulletin* : il n'était plus que de 530 millions et était présenté comme largement calculé.

La nouvelle société fut fondée le 20 octobre 1880, au capital de 300 millions, le surplus des fonds devant être obtenu, au fur et à mesure des besoins, par des émissions d'obligations. La souscription fut fixée aux 7, 8 et 9 décembre et annoncée dans le *Bulletin* du 15 novembre. Dans le même *Bulletin* était insérée une lettre de Lesseps, affirmant que l'exécution du canal ne coûterait pas 500 millions et que le trafic, portant sur 6 millions de tonnes, donnerait au minimum un revenu annuel de 90 millions. Le *Bulletin* du 1er décembre reproduisait des articles de journaux annonçant que les travaux seraient achevés en 6 ans, que le trafic atteindrait dès la première année 7 millions de tonnes, et enfin que MM. Couvreux et Hersent avaient pris à forfait la percée du canal. Or de Lesseps n'avait encore passé aucun traité avec ces entrepreneurs.

Grâce à cette propagande, grâce aussi aux 10 millions qui furent dépensés pour assurer le succès de l'émission, 1.200.000 actions, au lieu de 600.000 demandées, furent souscrites.

Les assemblées générales constitutives se tinrent les 21 janvier et 4 mars 1881. Ferdinand de Lesseps fut nommé président-directeur, avec un traitement annuel de 125.000 francs; son fils Charles de Lesseps fut l'un des vice-présidents; les frais annuels d'administration à Paris se montèrent au début à 1.200.000 francs, mais ils allèrent en croissant et finirent par dépasser 2 millions; ceux de l'administration à Panama, d'abord de 4.500.000 francs, atteignirent 13 millions.

Des charges considérables s'imposèrent à la société dès l'origine. On racheta, pour la somme de 10 millions, le privilège Türr-Wyse. La nécessité apparut ensuite d'acquérir le chemin de fer colombien *Panama railroad* qui desservait l'isthme, ce qui coûta 93 millions. Mais en outre, dès la première heure, le gaspillage fut instauré. On éleva à Colon un somptueux hôtel qui coûta 1.100.000 francs; on construisit une série de luxueuses villas appelées les « Folies Dingler », du nom du directeur des travaux, avec écuries pour 100 chevaux de luxe qui devaient être dirigés par un « grand-maître des écuries », etc.

Les émissions d'obligations se succédèrent d'année en année, chacune d'elles précédée de réclames dans la presse, d'affirmations de Lesseps que le canal serait terminé en 1888, etc. Mais la confiance publique commençait à être ébranlée : l'émission de 1884 ne donna pas le résultat espéré. Lesseps songea alors à lancer des obligations à lots. Pour cela, une autorisation législative était nécessaire : le cabinet Brisson, à l'instigation du ministre de l'intérieur Allain-Targé, refusa de déposer le projet de loi. La compagnie de Panama, pour forcer la main au gouvernement, organisa une campagne de pétitions et réunit 12.000 signatures. En présence de ce mouvement, et à la suite d'une nouvelle démarche de Lesseps, le ministre des travaux publics Demôle envoya en mission à Panama M. Armand Rousseau, ingénieur en chef des ponts et chaussées. Ce dernier revint avec un rapport qui concluait à la possibilité d'achever le canal, tout en faisant des réserves. Ce rapport devait rester secret, mais le nouveau ministre des travaux publics, Baïhaut, voulait se faire payer son concours par la compagnie. Il fit publier par *le Temps* quelques extraits du rapport Rousseau, présentant l'entreprise sous un jour défavorable, puis il exigea de la compagnie un million pour déposer le projet de loi autorisant l'émission de valeurs à lots. La compagnie céda et lui versa 375.000 francs comme premier acompte.

Le projet fut déposé, mais la commission parlementaire ayant demandé à la compagnie des documents justificatifs, Lesseps retira sa demande, ce qui d'ailleurs frustra Baïhaut de 625.000 francs, et lança, le 3 août 1886, une émission de 500.000 obligations ordinaires qui réussit à peu près, puis, le 26 juillet 1887, une nouvelle émission de 500.000 obligations, qui échoua.

On en revint à l'idée des obligations à lots. Lesseps annonça qu'il adressait une nouvelle demande au gouvernement et, en même temps, qu'il avait traité avec un entrepreneur, Bonickhausen, qui avait pris en 1879 le nom d'Eiffel, et qui se chargeait de construire un canal à écluses devant être terminé le 30 juin 1890. Eiffel ne fit rien, mais gagna 33 millions dans cette combinaison.

Rouvier, président du conseil et ministre des finances, voulait « marcher sans retard » pour faire aboutir la demande de Lesseps, mais il fut renversé avant d'avoir pu « présenter et soutenir l'affaire au parlement ». Lesseps organisa une nouvelle campagne de pétitions et réunit 158.000 signatures. Quelques députés déposèrent la proposition de loi sollicitée. Cette fois le parlement, manœuvré par Aaron, dit Arton, l'agent de Jacques de Reinach (ce dernier chargé de la publicité de la compagnie), vota la loi. Le 26 juin 1888, on fit une émission de deux millions de titres qui n'eut aucun succès.

Le 12 décembre 1888, on tenta une dernière émission, celle qui fut dite « de l'agonie ». Elle fut précédée d'une tournée de conférences dans toute la France, conférences présidées par Ferdinand de Lesseps qui affirmait sa confiance dans le succès de son entreprise. Malgré toute cette réclame, l'échec fut complet.

La compagnie tenta vainement de se faire autoriser par le parlement à reculer de trois mois ses échéances. C'était la fin. Le 11 décembre 1888, le tribunal civil de la Seine nomma trois administrateurs provisoires et enfin, le 4 février 1889, le même tribunal prononçait la dissolution et la mise en liquidation de la *compagnie universelle du canal interocéanique*.

Elle avait englouti près de 1.500 millions.

*
* *

Cependant les souscripteurs ruinés adressaient, dès le 28 mars 1888, des plaintes au parquet. Celui-ci attendait pour agir les ordres du gouvernement et le gouvernement avait ses raisons pour ne pas donner d'ordres. Vers la fin de 1888, Ferdinand et Charles de Lesseps furent bien convoqués chez le procureur général Bouchez : on vit, paraît-il, Ferdinand de Lesseps, sanglotant au bras de son fils, passer dans les galeries du Palais, mais cette pénible exhibition n'eut aucune suite. Le président du conseil, ministre de l'intérieur, était Floquet, ayant Léon Bourgeois comme sous-secrétaire d'État, et Floquet, pour les besoins de sa politique, s'était fait remettre 300.000 francs par la compagnie de Panama. Léon Bourgeois, qui manœuvrait Floquet à son gré, ne voulait pas risquer de divulguer ses procédés de propagande et de gouvernement.

Le ministère Floquet fut remplacé par un ministère Tirard, dont le garde des sceaux s'appelait Thévenet. Quesnay de Beaurepaire qui, entre temps, était devenu procureur général, rendit compte à Thévenet de l'affluence des plaintes. Mais Thévenet n'était pas très qualifié pour le rôle de justicier. On trouva plus tard un chèque du Panama à son nom. En outre, il était l'avocat d'un « financier », Jacques Meyer, qui, ultérieurement, passa en correctionnelle et finit par le suicide. Ce Jacques Meyer disait de Thévenet : « Quand j'ai besoin de lui, je n'ai qu'à « le siffler par le téléphone. Nous sommes de « mèche. »

Thévenet objecta donc qu'il fallait attendre la liquidation de la compagnie, et Quesnay de Beaurepaire n'insista pas.

Au ministère Tirard succéda un ministère Freycinet, comprenant, entre autres, Rouvier, Jules Roche, Étienne, Yves Guyot, Léon Bourgeois. Il était également difficile à ce nouveau ministère de soulever la question du Panama. Un des administrateurs de la compagnie, Marius Fontane, avait acheté pour 200.000 francs *le Télégraphe*, journal qui ne valait pas 20 francs, a dit Jules Delahaye, mais derrière lequel était Freycinet. En outre, Freycinet s'était compromis en intervenant dans un mystérieux conflit qui avait éclaté, à propos du Panama, entre deux juifs allemands également louches, Cornélius Herz et « le baron » Jacques de Reinach. Le premier, né à Besançon d'un père hessois et d'une mère bavaroise, naturalisé américain, s'était occupé de médecine, d'électricité, d'affaires. Il avait de puissantes relations politiques. Très lié avec Clémenceau, il avait été fait grand-officier de la Légion d'honneur par Freycinet lui-même. Jacques de Reinach, né à Francfort-sur-le-Mein, naturalisé français, établi banquier à Paris, avait des intérêts financiers dans nombre d'entreprises. Il était le cousin et le beau-père de Joseph Reinach, ancien chef de cabinet de Gambetta et, à ce titre, tout puissant dans le parti opportuniste. Cornélius Herz s'était à un instant occupé de la publicité du Panama, puis avait passé la main à Jacques de Reinach. Il réclamait à ce dernier une dizaine de millions. Freycinet, à la demande de Ranc et de Clémenceau, s'était mêlé de cette affaire et avait demandé à Charles de Lesseps de donner à Jacques de Reinach la somme exigée par Cornélius Herz. Charles de Lesseps avait d'abord résisté, puis s'était décidé à remettre plusieurs millions à Jacques de Reinach.

Quant à Rouvier et à Jules Roche, ils furent plus tard poursuivis pour avoir touché des chèques. Le nom d'Étienne se trouva aussi sur un chèque émanant de Jacques de Reinach. Yves Guyot était dans le même cas : « Puisque vous « devez voir Yves Guyot pour lui remonter le mo« ral... », écrivait à Jacques de Reinach un de ses correspondants. Le cabinet ne pouvait entamer une procédure dans laquelle auraient été impliqués les trois quarts de ses membres. Aussi, le 21 juin 1890, lors de la discussion d'un rapport du député Gauthier (de Clagny) sur des pétitions de souscripteurs du Panama, le garde des sceaux Fallières déclarait-il qu'il ne pouvait ouvrir une instruction, car il n'avait pas les rapports des liquidateurs de la *compagnie du ca- interocéanique.* C'était l'argument de Thévenet, ce qui prouve que, dans certains cas, l'esprit de continuité ne fait pas défaut au régime républicain.

Mais les souscripteurs ruinés s'irritaient. Des demandes d'interpellation avaient été déposées et Fallières dut prendre l'engagement de faire ouvrir une instruction contre les administrateurs du Panama.

Le 11 juin 1891, le procureur général rédigea son réquisitoire introductif. Une particularité se présentait. Ferdinand de Lesseps était grand-croix de la Légion d'honneur; par suite, lui et ses coaccusés devaient, aux termes de l'article 10 de la loi du 20 avril 1810, être déférés, non au tribunal correctionnel, mais à la cour d'appel, et « de la « manière prescrite par l'article 479 du code « d'instruction criminelle ».

L'article 479 en question dispose que, lorsque certains magistrats sont prévenus de délits, ils doivent être cités devant la cour d'appel par le procureur général.

Quelques jurisconsultes estiment que cet article implique « citation directe » devant la cour et exclut toute instruction préalable. D'autres pensent que le législateur a simplement voulu donner à une catégorie particulière de prévenus le double privilège de n'être poursuivis que par le procureur général et de n'être jugés que par la cour d'appel. Quesnay de Beaurepaire se rangea à cette dernière opinion, jugeant qu'une affaire aussi complexe que celle du Panama exigeait une instruction préalable, et il requit le premier président Périvier d'ouvrir une information. Le premier président partageait l'avis du procureur général, et il chargea un conseiller, M. Prinet, de procéder à cette instruction.

Celle-ci dura environ un an. Elle amena l'inculpation de certains administrateurs de la compagnie et celle de l'entrepreneur Bonickhausen-Eiffel, dont « les agissements » avaient eu « une gravité particulière ».

Quesnay de Beaurepaire reçut le dossier dans le courant du mois de juin 1892. Il l'étudia pendant les vacances judiciaires et, le 11 septembre, il adressait au garde des sceaux un rapport très véhément concluant aux poursuites contre tous les prévenus.

Naturellement, dans l'intervalle, le ministère avait été renversé. Le garde des sceaux était Ricard, le président du conseil était Loubet. Faisaient encore partie du cabinet : Rouvier, Jules Roche, Freycinet, Bourgeois. Il n'y avait plus Yves Guyot, mais il y avait Burdeau qui, le 13 juillet, avait remplacé, au ministère de la marine, Cavaignac, démissionnaire à la suite d'une interpellation sur l'expédition du Dahomey. Burdeau était la vérification vivante de la parole du comte de Paris : « Les institutions ont corrompu les hommes ». Né à Lyon et d'origine très modeste, il avait été brillant élève de l'École normale. En 1870, il s'était engagé et avait été décoré pour sa conduite à l'armée de l'Est. Il avait ensuite été professeur de philosophie au lycée Louis-le-Grand, puis s'était lancé dans la politique. Il avait dû alors se créer des ressources et était devenu l'homme de la compagnie de Panama. Il avait été rédacteur au *Soir*, au *Télégraphe* et au *Globe*, journaux qui étaient entre les mains de Marius Fontane. C'est Burdeau qui, sur l'invitation de Fontane, rédigea le rapport destiné à être remis au rapporteur de la commission de la Chambre chargée d'examiner le projet de loi autorisant l'émission de valeurs à lots. On a dit à l'époque que ce travail lui avait rapporté 75.000 francs. Ce qui n'est pas douteux, c'est que Burdeau était en relations étroites avec Arton, à qui il indiquait, paraît-il, les députés dont l'indemnité était saisie et qui, de ce fait, étaient susceptibles d'accepter un chèque sans trop de difficultés. D'après le juge d'instruction Le Poittevin, Burdeau aurait gagné 30.000 francs à ce travail de statistique et de psychologie. Il mourut fin 1894, président de la Chambre des députés. On lui fit des funérailles nationales; la statue de la ville de Lyon, sur la place de la Concorde, fut voilée de crêpe le jour des obsèques; les Chambres votèrent une pension à sa mère, à sa veuve et à ses enfants; plus tard, on lui éleva une statue à Lyon. La République sait honorer ses grands hommes.

***

Le 12 octobre 1892, Quesnay de Beaurepaire rentrait de vacances. Il avait reçu du garde des sceaux Ricard une lettre l'avisant que les conclusions du rapport du 11 septembre étaient approuvées et que les poursuites allaient être entamées.

Mais, entre temps, le procureur général fut soumis à mille influences. Au Palais, on lui représentait que de Lesseps était un illuminé de bonne foi. Loubet lui faisait savoir que le cabinet n'était pas d'accord avec Ricard. De son côté Carnot, président de la république, lui assurait que de

Lesseps était un honnête homme. Quesnay, le lendemain de son entrevue avec le président de la république, chargea le conseiller Prinet de faire un supplément d'enquête, qui n'eut d'autre résultat que d'amener l'inculpation de Jacques de Reinach. Le samedi 5 novembre, M. Prinet remettait au commissaire aux délégations Clément une commission rogatoire, marquée « urgente », à l'effet d'obtenir des explications de Reinach. Cette commission urgente ne fut exécutée que le 8, mais le commissaire Clément, n'ayant pas trouvé Reinach à son domicile, n'insista pas, et ne procéda ni à une perquisition ni à une apposition de scellés. Sous le ministère Poincaré de 1922, le garde des sceaux Colrat a déclaré : « Je « n'ai pas de police; comment voulez-vous que je « rende la justice? » On voit qu'en cette matière encore on ne peut reprocher au régime républicain le manque de continuité.

Quoi qu'il en soit, le 8 novembre, Quesnay de Beaurepaire adressa un nouveau rapport. Revenant sur ses conclusions antérieures, il alléguait l'impossibilité de démontrer l'intention frauduleuse des administrateurs du Panama et proposait de classer l'affaire. Le garde des sceaux lui fit remarquer la contradiction qui existait entre les deux rapports du 11 septembre et du 8 novembre et lui demanda des explications. Ces explications furent fournies le 13 novembre, mais dans l'intervalle Loubet convoquait le procureur général. Burdeau était présent : la question l'intéressait trop pour qu'il laissât Loubet la traiter en tête-à-tête avec Quesnay. Loubet exprima à ce dernier son désir de voir rendre un non-lieu. Carnot, avisé que pareille solution allait être prise, s'écriait : « Vous m'ôtez un grand poids de « la poitrine ». Toutefois Ricard ne céda pas et, le 15 novembre, il « invita » Quesnay à « exercer des poursuites ».

Un autre incident se produisit. Les citations, « fort longues et très compliquées », ne furent achevées que le 18. Le 19, qui était un samedi, le procureur général s'apprêtait à faire faire les notifications lorsqu'il reçut une note de Loubet, l'invitant à passer au ministère de l'intérieur, de « graves nouvelles » forçant à « surseoir ». Loubet s'arrangea pour ne recevoir Quesnay qu'après six heures du soir, c'est-à-dire lorsqu'était passée l'heure à laquelle les huissiers pouvaient instrumenter. Ainsi les opérations étaient remises au lundi : c'était toujours deux jours gagnés. Cette convocation pour « graves nouvelles » n'avait qu'un but, amener le procureur général à renoncer aux poursuites contre Jacques de Reinach, cousin et beau-père de Joseph, la pierre angulaire du régime. Naturellement, Burdeau était présent. Il insista vainement : « Par « la blessure qu'on ouvre, le plus pur sang républicain coulera », disait-il, étant bon juge en la matière. Quesnay se retrancha derrière les ordres du garde des sceaux. La nuit même, Jacques de Reinach mourait : congestion cérébrale, a dit Joseph Reinach, suicide ou assassinat, ont dit d'autres.

S'il était peut-être difficile d'élucider cette question, il était en tout cas intéressant de faire apposer les scellés chez le défunt. Mais il fallait laisser à Joseph le temps de « faire le triage des « papiers..., de ne rien laisser traîner de ce qui « compromettrait les amis ». « On pouvait s'en fier à lui », disait Hébrard. Les scellés ne furent apposés que le 23, non par l'autorité judiciaire, mais par le juge de paix du 8e arrondissement, et à la requête du liquidateur Imbert. Quand enfin on se décida à saisir les papiers, on y constata « de nombreuses lacunes ». Joseph avait fait le triage.

⁂

L'affaire vint devant la cour d'appel le 10 janvier 1893. Ferdinand de Lesseps, malade et affaibli d'esprit — il avait plus de 87 ans — était défaillant. Comparurent seulement trois administrateurs, Charles de Lesseps, Henri Cottu, Marius

Fontane, et l'entrepreneur Eiffel. L'avocat de Cottu, Me Martini, plaida le point de droit, soutenant que la prescription était acquise, attendu que l'instruction ouverte en 1891 était nulle comme contraire à l'article 479 du code d'instruction criminelle. Les autres avocats plaidèrent le fond. Waldeck-Rousseau, défenseur d'Eiffel, conclut en disant que Lesseps et son client avaient « fait à la grande humiliée de 1870 l'au-« mône d'un peu de gloire ».

L'arrêt fut rendu le 10 février. Il débutait par l'examen de la question de droit soulevée par Me Martini et déclarait que la loi n'avait pas été violée, l'article 479 devant être entendu en ce sens qu'il accordait simplement à certains magistrats le privilège de ne pouvoir être poursuivis que par le procureur général, mais celui-ci restant libre de requérir une instruction. L'arrêt retenait contre les administrateurs les délits d'escroquerie et d'abus de confiance et condamnait Ferdinand et Charles de Lesseps à cinq ans de prison et 3.000 francs d'amende, Cottu et Fontane à deux ans de prison et 3.000 francs d'amende. Eiffel était condamné, pour abus de confiance seulement, à deux ans de prison et 20.000 francs d'amende.

Les condamnés se pourvurent en cassation. La chambre criminelle, présidée par Lœw, cassa l'arrêt de la cour d'appel, contrairement aux conclusions de Baudouin, alors avocat général. Prenant à son compte, l'argumentation de Me Martini, elle déclarait la prescription acquise et mettait les condamnés hors de cause.

L'arrêt de Lœw présentait la question comme d'une « complète évidence » et affirmait que la solution « s'induisait nécessairement des termes » du code. Or il y avait au moins un précédent en sens contraire, précédent de quelque autorité, puisqu'il émanait lui aussi de la cour de Paris. En outre, par la suite, Quesnay de Beaurepaire, attaqué pour son rôle dans l'affaire, demanda à être déféré à la cour de cassation. Celle-ci, « toutes chambres réunies, constituée en « conseil supérieur de la magistrature », déchargea entièrement Quesnay de Beaurepaire et, spécialement sur l'application qu'il avait faite de l'article 479, déclara que « la question était « d'ailleurs controversée ».

Il semble évident qu'on ne pouvait juger sur citation directe une affaire comme celle du Panama dont l'instruction avait duré un an. Les magistrats se sont toujours vantés d'appliquer la loi dans son esprit et non dans sa lettre, quand il peut y avoir doute. Dans la circonstance, la solution de bon sens était d'accord avec l'esprit de la loi, mais elle était défavorable aux coupables : Lœw adopta la solution tirée de l'application littérale de la loi. Lorsqu'il s'agira de Dreyfus, Lœw ne s'estimera lié ni par la lettre ni par l'esprit de la loi. Pour la justice républicaine, il n'y a que des cas d'espèce.

Marius Fontane, qui était chevalier de la Légion d'honneur, fut rayé par le conseil de l'ordre, le 6 avril 1895, pour le motif qu'il avait fait faire dans la presse des « articles stipendiés » en faveur du Panama, et que ces publications étaient de mauvaise foi. Le même jour, le conseil de l'ordre s'occupait du cas d'Eiffel, officier de la Légion d'honneur et estimait que, « de l'exa-
« men de sa conduite en sa qualité d'entre-
« preneur des travaux du canal de Panama...
« il ne résultait pas qu'il eût commis aucun
« fait portant atteinte à l'honneur ». Cette dernière sentence, tenant pour nul et non avenu l'arrêt de la Cour d'appel qui n'avait été cassé que pour vice de forme, souleva une vive émotion et provoqua un vote de la Chambre à la suite duquel les membres du conseil de l'ordre durent se démettre de leurs fonctions.

Eiffel garda donc sa rosette en même temps que ses millions. Il mourut le 28 décembre 1923, salué par des articles nécrologiques comme si vraiment il avait fait à la France « l'aumône d'un peu de gloire ». Il avait eu d'ailleurs la satisfaction de constater que son exemple n'avait pas été perdu et que, pendant la guerre de 1914, nombre de fournisseurs de l'État avaient su appliquer ses leçons du Panama.

II. — *Les parlementaires.*

Jules Delahaye, élu député de Chinon en 1889, et réélu après invalidation, avait porté plusieurs fois à la tribune la question du Panama. Une interpellation de lui sur « les lenteurs de la justice « à faire la lumière », déjà remise à diverses reprises, devait venir en discussion le samedi 19 novembre 1892. Le garde des sceaux, alléguant que des citations étaient lancées le jour même contre les administrateurs, demanda un ajournement *sine die*, mais la Chambre fixa la discussion au lundi 21.

Maurice Barrès a raconté, dans *Leurs Figures*, qu'à cette date du samedi 19 novembre Jules Delahaye n'avait encore aucune précision sur les faits de corruption parlementaire. A la vérité cette corruption parlementaire était quasi de notoriété publique. Dès le mois de septembre la *Libre Parole* avait publié une série d'articles intitulés *Les Dessous du Panama*. Leur auteur, un ancien banquier de Nyons, nommé Ferdinand Martin, y racontait qu'en 1888 il avait été chargé par Charles de Lesseps d'acheter des votes de députés; mais il ne donnait aucune preuve et, ce soir du 19 novembre, Jules Delahaye, relisant ses notes, « se désolait de « n'apporter que des allusions et des précau- « tions ».

« C'est à cette minute que deux hommes poli- « tiques lui firent passer leurs noms ». Ils lui exposèrent le rôle de Jacques de Reinach et de son agent Arton, et lui demandèrent de proposer à la Chambre la nomination d'une commission chargée d'enquêter sur tous les faits de vénalité. Delahaye comprit que les administrateurs du Panama « voulaient un instrument » pour « dériver la colère publique sur les parlementaires »; mais, d'une part, on avait fait appel à son courage, d'autre part, il entrevit la possibilité de libérer son pays de cette « tourbe » parlementaire et, le 21, il monta à la tribune, décidé pour « l'affirmation absolue des faits » qu'on lui avait exposés, et résolu à « frapper si fort » que les députés seraient obligés de lui accorder l'enquête.

Barrès a fixé pour l'histoire le récit de « cette « inoubliable séance, la journée de l'accusa- « teur ». Tenant tête à la Chambre déchaînée, sans souci des injures et des menaces, Jules Delahaye traça à grands traits le rôle de Jacques de Reinach et d'Arton, déclarant que cinq millions avaient été employés par eux à acheter les votes de 150 députés ou sénateurs. Aux hurlements des députés réclamant « les noms, les noms », il se borna à répondre, sans jamais se démonter : « L'enquête vous les dira ». La Chambre, vaincue par la ténacité de Delahaye, vota l'enquête.

***

Dès l'origine, un conflit éclata entre la commission d'enquête et le parquet. La commission voulait avoir communication de l'instruction ouverte contre les administrateurs du Panama. Elle voulait aussi qu'il fût procédé à l'exhumation et à l'autopsie de Jacques de Reinach, pour que l'on déterminât s'il n'était pas mort de mort violente, et elle exigeait la saisie de ses papiers. Quesnay de Beaurepaire s'opposa à l'exhumation pour le motif que, si Reinach était mort de congestion ou s'était tué, la justice n'avait pas à intervenir; et que, s'il avait été assassiné, le parquet ne pouvait ouvrir d'instruction sans être saisi par une plainte, une dénonciation, ou « tout au moins » par la rumeur publique, et, disait le procureur général, « la rumeur publique était visiblement factice ». Il faisait également des réserves sur la possibilité légale de saisir les papiers de Reinach, à l'égard duquel l'action publique était éteinte du fait de sa mort. Enfin, il s'opposait à la remise aux mains de la commission des pièces de l'instruction Prinet.

Mais, le 28 novembre, la question de l'exhumation de Reinach vint devant la Chambre et le garde des sceaux Ricard, qui soutenait l'opinion du procureur général, fut mis en minorité, ce qui entraîna la retraite du ministère Loubet, lequel fut remplacé par un cabinet Ribot. Ce dernier fit procéder à l'exhumation et consentit à communiquer l'instruction Prinet. Quesnay de Beaurepaire se démit de ses fonctions et fut nommé président de la chambre des requêtes de la cour de cassation. Les viscères de Jacques de Reinach furent transportés du cimetière de Nivillers au laboratoire municipal de Paris, expertisés et contre-expertisés pendant deux mois, à la suite desquels les experts et contre-experts déclarèrent qu'ils ne pouvaient déterminer les causes de la mort du financier-baron.

Cependant Jules Delahaye avait été cité devant la commission d'enquête le 25 novembre. Ses interlocuteurs de la soirée du 19 novembre ne lui avaient pas donné les preuves qu'ils avaient promises; sur sa réclamation, il obtint du moins « le « moyen de prolonger les inquiétudes du gou- « vernement ». Il précisa devant la commission qu'un ancien ministre, mort depuis et nommé Barbe, avait touché 400.000 francs, que l'ancien député Sans-Leroy, qui avait fait partie de la commission chargée d'examiner le projet de loi autorisant la compagnie à émettre des valeurs à lots, avait touché 200.000 francs pour voter en faveur du projet. En outre, il indiqua à la commission un certain nombre de recherches à faire, en particulier à la maison « Thierrée et Cie, coulissier à la Bourse », qui avait été chargée de payer des chèques. Il insista sur la nécessité d'examiner non seulement les chèques, mais les talons desdits chèques.

Le coulissier Thierrée fut entendu le 30 novembre. Il reconnut qu'en juillet 1888 Jacques de Reinach lui avait remis un chèque de 3.310.475 francs sur la Banque de France, pour en avoir « la monnaie » en vingt-six chèques, payables également sur la Banque de France. Après paiement, ces chèques étaient, comme d'usage, revenus à la maison Thierrée, qui les avait conservés comme pièces de comptabilité.

Ces vingt-six chèques furent saisis, le 3 décembre, à la requête de la commission, par le commissaire aux délégations judiciaires Clément. Deux d'entre eux, d'un million chacun, avaient été payés à Cornélius Herz. Un de 20.000 francs était au nom du sénateur Albert Grévy, le frère de l'ex-président de la république; un chèque de 20.000 francs et un autre de 5.000 étaient au nom du sénateur Léon Renault. Les vingt-et-un autres chèques avaient été émis au bénéfice de personnages peu notables.

Cependant le commissaire Clément n'avait pas saisi les talons de ces chèques : la collaboration de la police se poursuivait. Trois membres de la commission d'enquête se rendirent, le 13 décembre, à la maison Thierrée pour réclamer ces talons, et il leur fut répondu qu'ils avaient été détruits. Mais, le lendemain, *la Libre Parole*, renseignée par l'ex-député et ex-préfet de police Andrieux, affirma que ces talons portaient, de la main de Jacques de Reinach, des annotations désignant les véritables bénéficiaires. Le même jour, le coulissier Thierrée demanda à être entendu par la commission. Il rappela le « caractère de loyauté » qu'avait eu sa première déposition, les « preuves de droiture et de loyauté » qu'il avait déjà données, et expliqua qu'il avait « jeté au feu » les talons des chèques parce qu'il répugnait au « rôle de délateur ». Il n'avait d'ailleurs « rien compris » aux annotations de Jacques de Reinach. Il fut félicité par un membre de la commission, le député Ernest Bérard, pour avoir détruit les talons : « J'en aurais fait autant », s'écria cet honorable.

Néanmoins, le 16 décembre, le gouvernement décida d'ouvrir une information contre l'ancien député Sans-Leroy et contre les administrateurs du Panama. Ces derniers étaient poursuivis pour corruption de fonctionnaires publics. Sans-Leroy, Charles de Lesseps et Marius Fontane furent arrêtés : Henri Cottu, qui était en Autriche, revint se constituer prisonnier.

L'instruction fut confiée au juge Franqueville. Celui-ci entendit le 19 le coulissier Thierrée qui, sous menace d'être incarcéré, dut renoncer au bénéfice des félicitations du député Bérard et reconnaître que, malgré « les preuves de droiture et de loyauté », qu'il avait données à la commission d'enquête, il l'avait cependant trompée en affirmant avoir détruit les talons des chèques. Ces talons furent saisis le 20 décembre, et les annotations de Jacques de Reinach permirent de déterminer comme bénéficiaires des chèques les députés Antonin Proust, Emmanuel Arène, Rouvier, Jules Roche, Dugué de la Fauconnerie, et les sénateurs Béral, Devès, Grévy, Léon Renault, Thévenet, sans préjudice d'un ancien député, Gobron, gendre du sénateur Scheurer-Kestner, le futur champion de Dreyfus.

Le 22 décembre, M. Andrieux fut entendu par

la commission d'enquête. Ayant été avocat de Cornélius Herz, il s'était rendu à Bournemouth pour voir son ancien client, lequel avait jugé prudent de passer en Angleterre après la mort de Reinach. Il rapportait la photographie d'une note que Jacques de Reinach avait dictée en 1890 à l'un de ses secrétaires nommé Stephan, puis avait adressée à Cornélius Herz. La note en question confirmait les annotations portées sur les talons des chèques Thierrée : de plus, elle faisait mention d'un chèque, touché par Arton, de 1.340.000 francs destinés à être « distribués à cent quatre députés », et d'un autre chèque de 80.000 francs au bénéfice d'un député dont le nom avait été découpé sur la photographie et de quatre autres de ses collègues non dénommés. Ce député, dont le nom n'a jamais été connu officiellement, a été appelé « l'X du Panama ».

Le gouvernement n'avait pas attendu les révélations de M. Andrieux et, le 20 décembre, il avait demandé aux Chambres la levée de l'immunité parlementaire des sénateurs et députés signalés comme ayant touché les chèques Thierrée.

*
* *

Rouvier, de nouveau ministre des finances depuis 1889, avait conservé son portefeuille dans le cabinet Ribot, mais il avait dû le résigner le 13 décembre 1892, à la suite d'un article du *Figaro* révélant les incidents qui avaient précédé la mort de Jacques de Reinach.

Le 19 novembre, Jacques de Reinach avait supplié Rouvier de l'accompagner chez Cornélius Herz, alléguant qu'il s'agissait d'une question « de vie ou de mort ». Rouvier, pour cette visite, s'était adjoint Clemenceau. Cornélius Herz resta inébranlable. De là, Reinach et Clemenceau s'étaient rendus chez Constans, l'ancien ministre de l'intérieur. En sortant de chez Constans, Reinach avait dit à Clemenceau : « Je suis perdu ». Il avait eu ensuite une scène violente avec son gendre Joseph et, le lendemain matin, on l'avait trouvé mort.

Rouvier à la Chambre, puis devant la commission d'enquête, Clemenceau, dans une note à la presse, puis devant la commission d'enquête, Constans enfin devant la dite commission, ont expliqué que cette démarche avait pour objet de faire cesser la campagne de presse menée contre Jacques de Reinach par *la Libre Parole* et par *la Cocarde*, cette dernière étant représentée comme inspirée par Constans. Or *la Libre Parole*, à cette date, n'attaquait plus Jacques de Reinach qui lui fournissait des documents contre les parlementaires. En tout état de cause, « il est diffi-

« cile d'admettre », a dit le rapporteur Vallé, plus tard garde des sceaux de Combes et par suite peu suspect, « qu'une visite faite dans de pareilles « conditions n'ait eu qu'un but aussi puéril... » « Qui ne voit », ajoutait-il, « qu'il s'agissait « (pour Reinach) de ressaisir les pièces compro- « mettantes que le Dr Herz détenait contre lui et « qui, produites au tribunal, devaient le perdre « à jamais? »

Il existait, en effet, entre les deux hommes un « secret terrible », qui n'a jamais été révélé et que d'ailleurs on n'a jamais cherché à percer. Un seul fait est certain, c'est que Cornélius Herz, débiteur de Reinach de 1880 à 1886, lui réclamait dès 1888 une dizaine de millions et lui envoyait des dépêches comminatoires et menaçantes. Il a été établi aussi que Reinach tenta de faire assassiner Cornélius Herz. Barrès a émis l'avis que le secret qui liait les deux aventuriers l'un à l'autre était un secret d'espionnage. Il y avait un dossier sur Cornélius Herz au ministère des affaires étrangères, mais le ministère s'est toujours refusé à le communiquer. En outre, Cornélius Herz était en relations d'affaires avec le général comte Menabrea, qui fut ambassadeur d'Italie à Paris de 1882 à 1892, et de son côté Jacques de Reinach était lié avec Crispi. L'hypothèse de Barrès n'a pu être vérifiée, mais, à titre hypothétique également, on peut signaler que, moins de deux ans après l'affaire de Panama éclatait l'affaire Dreyfus; que, dans cette affaire, apparaissait tout de suite l'attaché militaire italien à Paris Panizzardi; et que si, ultérieurement, Joseph Reinach, qui avait « trié » les papiers de son beau-père, prit si ardemment en mains la cause de Dreyfus, c'est que peut-être il y trouvait, en dehors de l'intérêt de race, un intérêt de famille.

Cette visite de Rouvier chez Cornélius Herz lui coûta donc son portefeuille. A la vérité, il expliqua qu'il avait agi « par humanité », qu'il connaissait Jacques de Reinach simplement comme un financier d'importance avec lequel le ministre des finances avait forcément des relations — on publiera plus tard des lettres de Reinach traitant Rouvier de « cher ami » — qu'il ignorait d'ailleurs que Jacques de Reinach fût inculpé — l'inculpation remontait à huit jours — enfin que, s'il s'était adressé à Clemenceau, son ennemi politique déclaré, pour l'assister dans la démarche, c'est qu'il tenait Clemenceau pour un « parfait galant homme ». Clemenceau, de son côté, présenta son intervention comme une complaisance toute naturelle. Ces explications eurent peu de succès à l'origine et encore moins par la suite, lorsque de nouvelles révélations se produisirent. On apprit, en effet, que Cornélius Herz avait commandité pour de très fortes sommes le journal de Clemenceau, *La Justice*, et, lorsque Stephan, le secrétaire de Reinach qui avait rédigé la note sur les chèques Thierrée, déposa devant la commission d'enquête, il fit connaître que, sur l'ordre de Reinach, il avait remis la dite note à Clemenceau pour la transmettre à Cornélius Herz. Clemenceau invoqua le témoignage de ses secrétaires, Stephan celui de ses collègues de bureau : une fois de plus, l'incident ne fut pas élucidé. Mais, de tout cet ensemble de déclarations ambiguës et contradictoires, il resta tout au moins l'impression que Clemenceau avait avec Cornélius Herz d'étranges relations, et en outre que lui et Rouvier connaissaient les véritables causes de la mort de Reinach.

Le 20 décembre, Rouvier reprit la parole, à l'occasion de l'autorisation de poursuites demandée par le gouvernement. Dans les couloirs, avant la séance, il avait menacé de « manger le morceau » — l'argot du bagne est d'usage au Palais-Bourbon dans les grandes circonstances; il présenta en effet une « explication qui s'ajus« tait trop bien avec sa menace terrible » et qui de ce fait, fut accueillie par une « explosion de murmures ». Il soutint que, lorsqu'il était président du conseil en 1887, les fonds secrets s'étaient trouvés insuffisants. Il avait donc fait appel à un financier de ses amis, nommé Vlasto, qui lui avait consenti des avances; ces avances avaient été remboursées partiellement, au fur et à mesure que rentraient les mensualités des fonds secrets, mais, lorsque le ministère était tombé, la dette gouvernementale n'était pas éteinte, et Jacques de Reinach, ayant désiré « s'intéresser à l'opération », avait payé à Vlasto ce qui restait à lui revenir, soit 50.000 francs. Ainsi d'ailleurs agissaient tous les ministres et, si les députés qui interrompaient Rouvier n'avaient pas été « ainsi défendus », « ils ne siégeraient pas sur ces bancs ».

Les poursuites demandées par le gouvernement furent autorisées par la Chambre et par le Sénat. « Vous êtes tous des canailles », dit Jules Roche à ses anciens collègues du ministère.

Les Chambres se séparèrent le 24 décembre, mais l'instruction se poursuivit. Le 28, Charles de Lesseps révéla le cas de Baïhaut, puis, le 30, la démarche faite auprès de lui par Freycinet, à l'instigation de Ranc et de Clemenceau, en faveur de Reinach talonné par Cornélius Herz; le même jour, il confirmait que Floquet, pour ses besoins électoraux, avait exigé 300.000 francs de la compagnie de Panama. Entre temps, dans la presse et à la commission d'enquête, le nom de Burdeau avait été prononcé. Ribot profita des vacances parlementaires pour se débarrasser de Freycinet et de Burdeau; il prit lui-même le ministère de l'intérieur où, jusqu'alors, il avait gardé Loubet, et fit arrêter Baïhaut.

A la rentrée des Chambres, Floquet, dont les protestations réitérées au sujet des 300.000 francs n'avaient convaincu personne, posa de nouveau sa candidature à la présidence de la Chambre des députés, mais le quorum ne fut pas atteint au premier tour de scrutin, et il dut se retirer. Il fut remplacé par Casimir-Périer. Ce fut la première satisfaction donnée à la « conscience publique » : elle ne devait guère en avoir d'autres.

En effet, l'enquête judiciaire se termina rapidement. Reinach étant mort, il semble qu'il aurait fallu porter les investigations du côté de Cornélius Herz, dont l'influence apparaissait prépondérante dans toutes les affaires de corruption, puisqu'il mettait en action à son gré les hauts personnages de la république. Cornélius Herz avait fui en Angleterre, mais son homme de confiance, un nommé Chabert, était sous la main de la justice et, pressé de questions, il aurait fait des révélations. On l'interrogea pour la forme, car il importait avant tout de sauver les parlementaires.

Ce sauvetage, toutefois, fut organisé avec toute la majesté de l'appareil judiciaire, et on imagina de procéder à un « criblage » méthodique des inculpés, de façon à ne renvoyer devant le jury que les moins compromis, ce qui entraînerait leur acquittement.

Le juge d'instruction rendit ainsi une ordonnance de non-lieu en faveur d'Arène, de Jules Roche et de Thévenet.

Arène était accusé d'avoir touché un chèque de 20.000 francs acquitté par un certain Orsatti, son compatriote et « ami personnel ». Arène nia d'avoir rien reçu. Orsatti déclara que les 20.000 francs lui avaient été payés pour avoir « mis son influence au service de l'opération de « Panama », ajoutant toutefois « qu'il ne se « rappelait pas d'une façon précise ce qu'il avait « pu faire réellement ». Le juge trouva ces explications tellement lumineuses qu'il n'eut même pas l'idée de chercher dans la comptabilité de Reinach s'il y avait quelque indice corroborant les allégations d'Orsatti, et il rendit une ordonnance de non-lieu en faveur d'Arène.

Jules Roche était poursuivi pour un chèque de 20.000 francs acquitté par un certain Schmitt, employé à une compagnie de chemins de fer coloniaux. Schmitt affirma avoir touché les 20.000 francs pour sa compagnie. Les livres de la compagnie ne portaient pas trace de recette de 20.000 francs, mais le témoignage de Schmitt fit foi et Jules Roche fut mis hors de cause, comme Arène et aussi comme Thévenet, qui nia d'avoir touché 25.000 francs.

* * *

Restaient Rouvier, Devès, Albert Grévy, Léon Renault, Béral, Dugué de la Fauconnerie, Gobron, Proust, Sans-Leroy et Baïhaut : ils furent renvoyés devant la chambre des mises en accusation. Celle-ci rendit un arrêt de non-lieu en faveur des quatre premiers.

Rouvier avait renouvelé devant le juge les explications par lui déjà données à la Chambre, mais il avait précisé que, pour rembourser son « ami » Vlasto, il avait fait appel non seulement aux fonds secrets du ministère de l'intérieur, mais à ceux du ministère de la guerre et du ministère des affaires étrangères. Le fait d'employer en subventions à des journaux ou en trafics électoraux des fonds destinés à la défense nationale apparaissait à ce président du conseil comme une preuve éclatante de son intégrité et de ses scrupules. Vlasto confirma les déclarations de Rouvier et donna un détail qui, à ses yeux, était particulièrement probant. *La Lanterne*, du juif Mayer, était alors boulangiste; on lui avait versé 100.000 francs et, à partir de cet instant, *la Lanterne* s'était bornée à attaquer le général Ferron, ministre de la guerre, c'est-à-dire celui qui avait fourni, au moins partiellement, les 100.000 francs. Il est clair qu'ainsi le général Ferron donnait un bel exemple d'abnégation militaire et républicaine. Mais ces explications de Vlasto étaient en contradiction avec celles qu'il avait données à la commission d'enquête, le 6 décembre, c'est-à-dire avant la saisie des talons des chèques et avant toute déclaration de Rouvier. Devant la commission, Vlasto avait très simplement raconté que les 50.000 francs lui avaient été versés par Reinach à titre de prime pour participation à l'émission des obligations à lots de Panama. La chambre des mises en accusation ne s'arrêta pas à ces divergences qui, sans doute, lui paraissaient sans intérêt, et elle mit hors de cause Rouvier, ancien président du conseil. Devès, ancien garde des sceaux, Albert Grévy, frère d'un ancien président de la république, Léon Renault, ancien préfet de police, bénéficièrent d'une bienveillance égale.

Il est vrai qu'elle renvoyait devant le jury deux anciens ministres, Baïhaut et Antonin Proust.

Mais Baïhaut avait avoué, non sans avoir protesté longtemps de « l'infamie » de l'inculpation dont il était victime. Quant à Antonin Proust, il avait été trop maladroit. Mis en cause par *la Libre Parole*, il avait joué l'indignation, écrivant au président de la Chambre, affirmant à la commission d'enquête qu'il n'avait jamais rien reçu de qui que ce fût, et annonçant qu'il poursuivait *la Libre Parole*. Ce journal ayant publié le *fac-simile* d'une lettre de Reinach mettant 50.000 fr. à la disposition de Proust, celui-ci avait reconnu qu'en revenant de « l'exposition de Copenhague » il avait accepté une participation dans l'émission de Panama, participation que « des amis » lui avaient offerte « spontanément ». Cette déposition, dite « de Copenhague », eut du succès dans la presse; toutefois le juge d'instruction, puis la chambre des mises en accusation, durent constater qu'Antonin Proust était « convaincu d'avoir dissimulé la vérité » et ne se serait pas efforcé de tenir secrète son opération avec Reinach, s'il avait cru à sa « légitimité ». Quant à Sans-Leroy, il s'était refusé à répondre à l'instruction, se réservant, disait-il, de produire des pièces justificatives devant le jury.

***

Le procès vint en cour d'assises le 8 mars 1893.

Les débats durèrent douze audiences. Ils furent marqués par l'incident Soinoury.

Mme Henri Cottu, femme de l'administrateur du Panama, déposa que, peu après l'arrestation de son mari, elle avait reçu la visite d'un individu nommé Goliard, se disant dessinateur au *Monde illustré*. Ce Goliard, qui, en réalité, appartenait à la Sûreté générale, affirmait à Mme Cottu que les administrateurs du Panama bénéficieraient d'un non-lieu s'ils promettaient de ne pas faire de révélations; qu'elle pourrait recevoir à ce sujet des assurances de Bourgeois, le garde des sceaux, qui était d'accord avec Loubet, le ministre de l'intérieur; mais qu'auparavant elle devait avoir une entrevue avec Soinoury, le directeur de la Sûreté. Le commissaire de police Nicolle, chargé du service des courses, conduisit en effet Mme Cottu chez Soinoury, qui lui promit la mise en liberté de son mari si elle fournissait un document compromettant pour quelque parlementaire de la droite, et il insista auprès d'elle « pendant une heure et demie d'horloge ». Goliard, Nicolle et Soinoury, cités d'office, furent obligés de reconnaître qu'en effet Mme Cottu avait été amenée à la Sûreté générale. Mais Soinoury affirma qu'il avait simplement voulu se renseigner; il avait peut-être été « indiscret » — « c'était un peu dans ses fonctions »; il avait procédé « comme un journaliste ou un « reporter aurait pu le faire »; il n'avait jamais mêlé le ministre à l'affaire. Bourgeois résigna son portefeuille pour venir déposer qu'il était resté étranger à toutes ces manœuvres et, ayant ainsi libéré sa conscience, il reprit son portefeuille. Loubet ne se risqua pas à comparaître. Il fit connaître à Ribot que, étant ministre de l'intérieur, il avait autorisé Soinoury à recevoir Mme Cottu pour l'unique raison qu'elle avait sollicité l'autorisation de communiquer avec son mari. Soinoury perdit sa place, Nicolle fut envoyé au Havre, et l'incident fut clos. Il était réservé à la République de « faire chanter « les femmes elles-mêmes ».

Baïhaut renouvela ses aveux et demanda « pardon à son pays ». Les autres accusés alléguèrent qu'ils avaient touché à bon droit le montant des chèques incriminés. Sans-Leroy était accusé d'avoir reçu 200.000 francs et, précisément, il avait à l'époque fait au Crédit Lyonnais un versement de même somme. Il expliqua que ce versement correspondait à un remploi dotal et, à l'appui de ses dires, il présenta une collection d'actes notariés auxquels personne ne comprit rien et qu'on n'aurait pu discuter qu'après une étude approfondie : c'était bien, d'ailleurs, pourquoi il avait réservé ses moyens de défense pour messieurs les jurés.

Baïhaut fut condamné à cinq ans de prison, à la dégradation civique et à 750.000 francs d'amende, Charles de Lesseps à un an de prison : les autres furent acquittés. « Nous ne pouvions « pas condamner ce menu fretin », a dit un juré, « alors que les gros poissons continuaient à « nager en paix. »

Aux élections qui suivirent, le 20 août 1893, Rouvier, Jules Roche, Burdeau furent réélus. Floquet fut battu dans le 11e arrondissement par l'ouvrier chapelier Faberot, mais il se fit nommer sénateur de la Seine en janvier 1894 et, après sa mort, on lui éleva une statue dans le dit arrondissement. Dugué de la Fauconnerie fut également battu dans l'Orne, et Antonin Proust ne se représenta pas dans les Deux-Sèvres. Jules Delahaye, qui avait dénoncé le scandale panamiste, fut battu en Indre-et-Loire et, sans doute pour mieux lui faire comprendre l'erreur qu'il avait commise en s'attaquant à la vénalité parlementaire, le même département renvoya siéger à la Chambre Wilson, qui n'en faisait plus partie depuis 1889.

Cependant l'ignominieuse vénalité de Rouvier était tellement évidente que, si ses électeurs lui restèrent fidèles, on n'osa pourtant pas de longtemps le rappeler au pouvoir. Mais tout s'oublie en république. Rouvier devait redevenir président du conseil et, en cette qualité, à l'intérieur faire couler le sang français pour les inventaires, à l'extérieur présider à « l'humiliation sans précédent » en sacrifiant Delcassé sur l'injonction de Guillaume II.

***

Arton était en fuite et sous le coup d'un mandat d'arrêt. Il en savait long sur les parlementaires; il s'agissait de l'empêcher de faire des révélations. A la fin de décembre 1892, un agent de la Sûreté générale, nommé Dupas, fut envoyé en mission auprès d'Arton, afin d' « avoir ses papiers ». Cette mission fut donnée avec l'autorisation de Loubet, alors ministre de l'intérieur, qui, « chaque soir », « était tenu au courant » par Soinoury, directeur de la Sûreté générale, « des incidents qui se produisaient ». Dupas rencontra Arton à Venise, s'aboucha avec lui, demanda des instructions, n'en reçut pas, et rentra à Paris. Puis, du 18 janvier au 13 février 1893, on organisa aux trousses d'Arton une sorte de chasse à travers l'Europe centrale, de Bucarest à Hanovre, en passant par Jassy, Vienne, Nuremberg, Prague, Hambourg. Arton, prévenu mystérieusement, quittait toujours la ville où il se trouvait la veille du jour où y arrivaient les policiers chargés de l'arrêter.

Ce n'est que près de trois ans plus tard, le 16 novembre 1895, qu'Arton fut enfin arrêté à Londres, sur l'ordre du préfet de police Lépine. Depuis le 1er novembre, Léon Bourgeois était président du conseil, et on a raconté que Lépine, se sentant menacé dans sa situation par le nouveau ministère auquel il n'était pas sympathique, avait fait procéder à cette arrestation à titre de garantie personnelle : le préfet de police qui avait découvert un criminel « recherché » depuis plus de deux ans et demi ne pouvait être révoqué. On a dit aussi que c'était Cavaignac, ministre de la guerre dans le nouveau cabinet, qui avait exigé l'arrestation d'Arton. Quoi qu'il en soit, il fut arrêté dès qu'on le voulut bien.

Arton qui, outre son rôle dans le Panama, était poursuivi pour détournements au préjudice d'une société industrielle, ne pouvait être extradé que pour ce dernier motif, la corruption de parlementaires étant considérée comme un crime politique. Il fut condamné pour ses détournements, puis se déclara prêt à renoncer à l'immunité dont le couvrait l'extradition et à s'expliquer sur les faits de corruption.

Une nouvelle instruction fut ouverte en 1897 et confiée à M. Le Poittevin. Elle aboutit à l'inculpation de cinq députés ou anciens députés, qui furent tous acquittés en cour d'assises. Les jurés de 1897 firent le même raisonnement que ceux de 1893.

La Chambre, de son côté, décida de nommer une nouvelle commission d'enquête. Tout se termina par une série d'ordres du jour blâmant..., réprouvant..., flétrissant..., qui furent votés le 30 mars 1898.

Loubet, qui était particulièrement visé par l'un de ces ordres du jour relatif « aux manœu-« vres de police concertées au ministère de l'in-« térieur » pour faire engager des pourparlers avec Arton, fut, moins d'un an après, le 18 février 1899, élu président de la république.

Ainsi finit l'affaire du Panama.

Et cependant, il existait une liste des parlementaires corrompus. Jules Delahaye l'avait vue. Loubet avait déclaré à Quesnay de Beaurepaire qu'il avait cette liste dans un tiroir de son bureau. D'après la déposition de plusieurs députés à l'enquête, Yves Guyot, alors ministre, raconta un jour, à une séance de la commission du budget, que son collègue de l'intérieur Constans avait remis la liste à Carnot.

Mais, on l'a vu, instructions judiciaires et enquêtes parlementaires furent menées de manière à couvrir les coupables. Des « cent quatre parlementaires », un seul, Baïhaut, qui avait eu la sottise d'avouer, fut condamné, et le rapporteur Vallé put dire que la légende des cent quatre était détruite (1).

« La république », a dit un jour Poincaré, « la « république... tutrice légale des grandes libertés « humaines » : définition particulièrement exacte en ce qui concerne la liberté de voler.

(1) La plupart des citations qui figurent dans la deuxième partie de ce chapitre (*Les Parlementaires*) sont extraites de l'ouvrage de Maurice Barrès, *Leurs Figures*.

CHAPITRE V

LA COUR DE CASSATION ET L'AFFAIRE DREYFUS. — L'ARTICLE 445

L'affaire Dreyfus a été un épisode de guerre civile. On aurait pu espérer que la plus haute juridiction du pays tiendrait à honneur de ne pas se lancer dans la lutte. C'est le contraire qui eut lieu. Et non seulement elle cassa successivement les jugements de Paris et de Rennes, pour des motifs qui ne supportaient pas l'examen, mais elle couronna son œuvre en proclamant elle-même l'innocence de Dreyfus au mépris de tout droit et de toute loi. En droit, la cour de cassation n'est pas qualifiée pour trancher les questions de fait; dans l'espèce, la loi lui imposait en outre, en termes exprès, une solution à l'inverse de celle qu'elle a adoptée.

Toutefois, si la cour de cassation tout entière, siégeant toutes chambres réunies, a la responsabilité de cette violation du droit et de la loi, la chambre criminelle s'est particulièrement distinguée, tant par la protection dont elle a couvert Zola et Picquart, que par la manière dont elle a mené les enquêtes des première et deuxième révisions.

Zola avait été condamné par la cour d'assises de la Seine pour avoir outragé le conseil de guerre qui avait acquitté Esterhazy. Zola « accusait » le conseil de guerre d'avoir « jugé par ordre ». La chambre criminelle, présidée par Lœw, cassa l'arrêt de la cour d'assises pour le motif que la plainte avait été portée contre Zola par le ministre de la guerre et non par le conseil de guerre lui-même, après délibération en « assemblée générale ». Quelqu'ignorante que pût être la chambre criminelle des procédures de la justice militaire, elle savait cependant, car son procureur général Manau le lui avait dit, que le conseil de guerre qui avait jugé Esterhazy était un conseil de guerre « spécial ». Nommé pour juger Esterhazy, il s'était dissous, avait cessé « d'exister légalement », dès le jugement rendu, et par suite n'avait pu ultérieurement se réunir en « assemblée générale ». Mais il fallait sauver Zola et tout moyen était bon.

Plus tard, il s'agit de sauver Picquart. Ce dernier était l'objet d'une double poursuite. Il était poursuivi, avec son ami l'avocat Leblois, devant la justice civile pour divulgation de documents secrets : la mise en cause d'un complice civil dessaisissait en effet la justice militaire à l'égard de Picquart. Mais celui-ci avait en outre à répondre devant la justice militaire d'une inculpation de faux et d'usage de faux. On tenta d'abord d'obtenir de la Chambre qu'elle forçât le ministre de la guerre à ajourner la comparution de Picquart devant le conseil de guerre. Poincaré, Barthou, Millerand, s'y employèrent vainement. Picquart s'adressa alors à la chambre criminelle, sollicitant un « règlement de juges ». La loi, il est vrai, n'envisage le « règlement de juges » qu'au cas où deux juridictions différentes sont saisies de la même infraction, ou d'infractions connexes, à la charge du même individu. Tel n'était pas le cas, mais la chambre de Lœw rendit immédiatement un arrêt de « soit communiqué », lequel entraînait sursis à tout jugement. Picquart, lui aussi, était sauvé.

L'enquête menée par cette même chambre au cours de la première révision fut empreinte d'une telle partialité qu'elle fit scandale, et à tel point que le premier président Mazeau, assisté des doyens des chambres civile et des requêtes, dut enquêter les enquêteurs. Le premier président fut bien obligé de reconnaître qu'un « déchaînement inouï de passions » avait « pénétré jusque dans le prétoire », et que les juges, une fois leur instruction terminée, pourraient « n'avoir plus le

« calme et la liberté morale indispensables » pour remplir leur fonction.

Telles sont les garanties d'équité et d'impartialité que, de l'aveu de leurs pairs, présentent les plus hauts magistrats de la république.

C'est à la suite de ces faits que fut votée la loi dite « de dessaisissement » : dorénavant, c'était aux chambres réunies qu'il appartenait de statuer sur une demande en révision ayant donné lieu à une enquête de la chambre criminelle.

*
* *

Lœw, de l'Union générale et du Panama, s'était distingué lors de la première révision. Baudouin, des Humbert, se distingua comme procureur général dans la deuxième.

L'enquête fut menée par lui, non pour arriver à la manifestation de la vérité, mais pour trouver à tout prix un « fait nouveau » permettant la révision du procès de Rennes. Il n'hésita pas à dénoncer au ministre de la guerre une prétendue falsification d'un registre de comptabilité, opérée pour « tromper la justice », et à déterminer ainsi des poursuites contre quatre officiers irréprochables, dont l'innocence était tellement criante que le commissaire du gouvernement dut abandonner l'accusation après quelques audiences du conseil de guerre.

Ce que fut le réquisitoire de Baudouin devant les chambres réunies, le général Mercier l'a marqué dans sa célèbre lettre au premier président Ballot-Beaupré :

« Grâce à la non-publicité des dépositions et à « l'absence totale de toute espèce de contradic- « tion, M. le procureur général a pu étayer son « argumentation sur des racontars de journaux, « sur de prétendues interviouves, sur des déposi- « tions qu'il affirme être favorables à sa thèse, « mais dont nous ignorons le texte exact, sur « d'autres dépositions qui sont défavorables à « sa thèse, mais dont il tronque le texte de « manière à en diminuer ou à en dénaturer la « portée. Certaines dépositions importantes sont « passées entièrement sous silence. D'autres, im- « portantes aussi, mais ayant trop impressionné « l'opinion publique pour qu'il n'en soit pas « parlé, sont dédaigneusement écartées sous le « prétexte que leurs auteurs sont criminels, fous « ou idiots. Enfin, toute enquête conduite par « un conseil de guerre est considérée comme « nulle et non avenue, en raison de *l'impuis- « sance absolue de la justice militaire de mener « à bien une affaire tant soit peu compliquée.*

« ...Si je voulais emprunter une locution ca-

« ractéristique de son réquisitoire, je dirais que « c'est une longue théorie *de mensonges habi-* « *lement coupés de bribes de vérité.* »

Et s'élevant contre « l'étrange procédure adop- « tée pour l'étude des demandes en révision, « avec témoins entendus à huis-clos, sans con- « frontations entre eux et sans débats contradic- « toires, puisque les trois orateurs (rapporteur, « procureur général, avocat) qu'entend la cour « parlent à peu près dans le même sens », le général Mercier demandait à déposer devant les chambres réunies.

La cour n'entendit pas le général Mercier, mais l'intervention de celui-ci fut décisive. Les partisans de Dreyfus virent que la statue de l'accusateur, comme a dit Maurras, était toujours debout, inébranlée et inébranlable. Ils ne voulurent pas affronter de nouveaux débats — publics et contradictoires cette fois — devant un troisième conseil de guerre. Le *Temps* adjura la cour de casser sans renvoi, et la cour obéit.

Cependant le texte de la loi la liait impérativement. L'article 445 du code d'instruction criminelle comporte les prescriptions suivantes :

« Après la fin de l'instruction (de la chambre « criminelle), il sera alors statué (sur la demande « en révision) par les chambres réunies de la « cour de cassation.

« ...Si les chambres réunies... reconnaissent « qu'il peut-être procédé à de nouveaux débats « contradictoires, elles annuleront les jugements « ou arrêts..., elles fixeront les questions qui de- « vront être posées...

« Lorsqu'il ne pourra être procédé à de nou- « veaux débats oraux contre toutes les parties, « notamment en cas de décès..., la cour de « cassation, après avoir constaté expressément « cette impossibilité, statuera au fond sans cas- « sation préalable ni renvoi... »

Et enfin, le dernier paragraphe :

« Si l'annulation de l'arrêt à l'égard du con- « damné vivant ne laisse rien subsister qui « puisse être qualifié crime ou délit, aucun ren- « voi ne sera prononcé. »

Le rôle de la cour de cassation est ainsi nettement défini. Elle doit uniquement statuer sur la demande en revision qui lui est soumise; elle ne peut « statuer au fond » que dans un seul cas, celui où il n'est pas possible de procéder à de nouveaux débats contradictoires, et elle doit alors constater expressément cette impossibilité; elle ne peut casser sans renvoi que dans un seul cas, celui où, après annulation de l'arrêt à l'égard d'un condamné vivant, il ne subsiste rien qui puisse être soumis à une juridiction quelconque. Le code n'envisage pas le cas où il serait reconnu que le condamné vivant est innocent de l'infraction qui lui est imputée, mais exclusivement le cas où l'enquête a prouvé la non-existence de l'infraction qui avait servi de base à l'accusation.

Aucune argutie n'est possible devant un texte si clair : « *La loi ne laisse aucun doute à cet* « *égard. Il suffit de la connaître et, pour la con-* « *naître, de la lire. Le texte est formel* », avait dit, lors de la première révision, le procureur général Manau, cependant tout dévoué à Dreyfus. Et, à la veille de l'arrêt de 1899, il répétait : « *Vous ne pouvez qu'ouvrir la porte à la révision.* « *Vous n'avez pas qualité pour prononcer défini-* « *vement. Vous pouvez faire juger de nouveau* « *Dreyfus. Il ne vous est pas permis de le réhabi-* « *liter. Il sait d'ailleurs, qu'il n'a pas le droit* « *de vous adresser une pareille demande.* »

La jurisprudence, en outre, n'avait jamais varié sur ce point. Le rapporteur Moras n'a pas eu de peine à l'établir lors de la deuxième révision.

Que fit la cour? Manifestement, il était possible de procéder à de nouveaux débats oraux : la loi interdisait donc de statuer au fond. La cour viola une première fois la loi, et, faisant sienne l'argumentaion du procureur général Baudouin, c'est-à-dire prenant à son compte le réquisitoire marqué d'infamie par le général Mercier, elle proclama l'innocence de Dreyfus pour l'acte de trahison commis en 1894. Mais elle fut bien obligée de reconnaître que cet acte de trahison avait été commis et, pour en décharger Dreyfus, elle l'imputa à Esterhazy.

Cependant il restait la prescription finale de l'article 445. L'annulation de l'arrêt à l'égard de Dreyfus vivant « laissait subsister » le crime commis en 1894 : il fallait donc prononcer le renvoi devant un nouveau conseil de guerre. Comment la cour pouvait-elle éluder cette prescription? Par un seul moyen, en affirmant que le code prescrivait le contraire de ce qu'il prescrit réellement. Elle déclara donc qu'il ne subsistait, *à la charge de Dreyfus*, rien qui pût être qualifié crime ou délit, et qu'il y avait lieu « *dès lors* » de faire application du dernier paragraphe de l'article 445 et de casser sans renvoi.

Par ce « *dès lors* » cyniquement mensonger, le tour était joué. La loi était par deux fois effrontément violée, la jurisprudence constante méconnue, mais Dreyfus était sauvé.

C'est ainsi que juge la cour suprême quand « l'intérêt supérieur de la république » est en jeu. L'arrêt du 12 juillet 1906 est et restera le modèle des arrêts de la « Justice républicaine ».

CHAPITRE VI

LA COUR D'ASSISES

En cour d'assises, le président dirige les débats; il a la police de l'audience; il est investi d'un « pouvoir discrétionnaire » pour arriver à découvrir la vérité : « la loi charge son honneur « et sa conscience d'employer tous ses efforts « pour en favoriser la manifestation » (code d'intr. crim., art. 268).

Mais cette recherche de la vérité doit évidemment être poursuivie avec impartialité. Le président ne doit pas influencer les jurés en faisant connaître son opinion personnelle; il ne doit pas troubler l'accusé dans ses moyens de défense, quelqu'affreux que soit le crime, quelqu'odieux que soit le coupable; il doit aussi garder le sérieux et la décence qui s'imposent en matière de justice, et d'autant plus que l'affaire est plus grave.

En fait, lorsqu'il s'agit d'un crime de droit commun, ne soulevant aucune question politique, le président, de nos jours, se fait presque chaque fois le collaborateur du ministère public. L'interrogatoire de l'accusé, les dépositions des témoins font l'objet d'un réquisitoire anticipé. Souvent, le président est un bel esprit : il quête alors par ses bons mots les rires et les applaudissements d'un auditoire composé en majeure partie de ses amis et relations, car la publicité des séances exigée par la loi est aussi illusoire que le reste des prescriptions légales et, pour les « grandes affaires », on n'accède à la salle des séances que sur le vu d'une carte signée par le président. Le Palais de justice devient un théâtre d'État supplémentaire, n'émettant que des « billets de faveur », sur lesquels, d'ailleurs, le trafic s'exerce comme sur ceux de l'Opéra ou de la Comédie française.

Ces errements sont si bien entrés dans les mœurs judiciaires qu'en juillet 1887, lors de l'affaire Pranzini, le président Onfroy de Bréville, magistrat pourtant respecté au Palais, faillit, par son attitude envers l'accusé, rendre un instant presque sympathique un abominable coquin.

Le scandale des cartes d'entrée avait été tel que le pourvoi en cassation visa, parmi les moyens de nullité, la non-publicité des audiences. La curiosité publique était en effet très excitée par les bruits qui avaient couru sur les bonnes fortunes de l'accusé. Pranzini, aventurier égyptien, avait assassiné une femme galante, nommée Marie Regnault, dite Régine de Montille, sa femme de chambre et la fille de celle-ci, une enfant de onze ans. Sa culpabilité apparaissait évidente, mais il niait, soutenant qu'il avait passé la nuit du crime avec une « femme du monde » dont il ne voulait pas donner le nom. On espérait qu'à l'audience se produirait quelque incident à sensation. A l'ouverture des débats, le président Onfroy de Bréville fit une déclaration tout empreinte de dignité : les assises n'étaient pas une salle de spectacle; les amateurs de scandale seraient déçus, etc. S'il est vrai que le scandale escompté ne se produisit pas, il y en eut un autre, causé par la façon dont le président conduisit les débats. Le début de l'interrogatoire fut plein de promesses que la suite ne démentit pas : « Il « nous faut passer en revue toute votre vie... le « mensonge incarné, le jeu, les femmes, et non « pas la femme qui coûte, mais la femme qui « rapporte... Vous demandez en une seule fois à « la mort d'une femme ce que vous aviez demandé bien des fois à la vie de beaucoup d'autres ». Ainsi, dès les premiers mots, le président affirmait son impartialité en présentant au jury l'accusé come un bandit de la pire espèce, et la culpabilité comme patente. Dans l'interrogatoire, on relève des apostrophes de ce genre : — à propos de l'alibi : « C'est l'explication chevaleresque; vous

« ne voulez pas compromettre une femme? « vous! » — Lorsque l'accusé se montrait embarrassé : « Vous vous troublez beaucoup; votre « figure change comme votre système ». Le tout sans préjudice d'autres aménités : — « Je vous « prends en flagrant délit de préparation du cri- « me... C'est votre condamnation... Vous vous « êtes donné à vous-même le coup de grâce »; — ou encore, à propos d'une déposition : « Te- « nez, Pranzini, vous devenez vert »; — ou bien, sur une dénégation à un autre témoin : « Vous « êtes trop gentilhomme pour parler à un concierge »; etc. Les anciens amants de la victime excitèrent particulièrement la verve du président : — « Je connaissais Marie Regnault depuis 1871 », dit l'un. « Il faut dire les choses par leur « nom », riposte le président; « vous étiez son « amant attitré depuis moins longtemps. Aupa- « ravant, vous faisiez aux autres ce que *peut-être* « vous ignoriez qu'on vous faisait ». — A un deuxième : « Alors, depuis dix-huit ans? Ah! « vous êtes le doyen. »

Il suffit de se reporter aux comptes rendus des procès jugés sous les régimes antérieurs (Restauration, Monarchie de juillet, Second Empire même) pour constater que les présidents d'assises avaient une autre conception de la majesté et de la dignité de la justice.

C'est d'ailleurs parce que les magistrats de la république n'ont plus l'impartialité ni la sérénité de leurs devanciers qu'on fut amené, en 1881, à supprimer le *résumé*, pourtant si utile, où, selon les expressions du chevalier Riboud, rapporteur de la loi au corps législatif en 1808, le président, « remplissant l'une des fonctions « les plus respectables et les plus délicates de son « ministère », devait « comparer et peser les « charges et la défense, en donner un tableau « fidèle, produire les moyens qui peuvent avoir « été omis, tirer les conséquences de chaque « partie de son exposé, sans émettre une opinion, « préciser enfin les points sur lesquels les jurés « doivent principalement fixer leur attention ».

Mais, en cour d'assises, se jugent aussi les diffamations à l'égard des fonctionnaires publics, pour lesquelles la preuve est admise. En outre, certains crimes soumis au jury sont présentés comme ayant un caractère politique, tels, par exemple, les assassinats de Calmette, de Jaurès, de Marius Plateau. En pareil cas, comme toujours devant le jury, la lutte devrait en théorie être circonscrite entre l'accusé et la partie civile, fonctionnaire diffamé ou famille de la victime. Le président devrait simplement s'efforcer de faire ressortir la vérité, le ministère public, une fois les faits établis, se borner à réclamer l'application de la loi. Mais les débats sont dominés par l'esprit de parti, auquel, comme chacun sait, les magistrats de la troisième république ne sont pas étrangers.

Il y a divers procédés pour tenter d'obtenir du jury le verdict souhaité. L'un d'eux est resté célèbre. Il fut employé lors du procès Roustan, en décembre 1881. Rochefort avait accusé le résident général de France en Tunisie, M. Roustan, de tripotages avec les gens de l'entourage du bey. Le procureur général était Dauphin (qui fut plus tard ministre des finances dans le cabinet Goblet); il cumulait ces fonctions, auxquelles il avait été nommé d'emblée en 1879, avec celles du sénateur de la Somme, sans doute pour mieux marquer son impartialité comme magistrat et son indépendance comme sénateur. Il termina son réquisitoire par ces mots : « Si M. Roustan « a trahi son pays, acquittez M. Rochefort. Je sau- « rai faire mon devoir à l'égard de M. Roustan et « demain il sera sur ces bancs. Mais si M. Rous- « tan a été victime de calomnies, défendez-le, « Messieurs, par votre verdict ». Rochefort fut acquitté. Mais, bien entendu, Roustan, le lendemain, ne fut pas « sur ces bancs » : il fut nommé avec avancement ministre plénipotentiaire à Washington. La manœuvre ayant échoué, le procureur général n'avait plus qu'à s'occuper de son « devoir » de sénateur républicain.

Pour ce qui regarde le « devoir » des présidents d'assises dans les procès à caractère politique, le président Mariage et le président Albanel, entre autres, se sont chargés de montrer en quoi il consiste.

I. — *Le Président Mariage.*

Le premier numéro de *la Libre Parole* parut le 20 avril 1892. Le 13 mai, Drumont publia un article sur le renouvellement du privilège de la Banque de France. Un projet de loi était déposé; le rapporteur de ce projet était le député Burdeau, ancien chef de cabinet de Paul Bert, et qui s'était fait remarquer au Parlement en proposant d'interdire l'accès de l'École navale aux élèves de l'établissement des Jésuites de Jersey. Drumont attaquait Burdeau, disant que, bien certainement, par son rapport, Burdeau avait « mis sa vieillesse à « l'abri et conquis le droit de vivre de nos rentes ». Il ajoutait que Burdeau n'avait même pas rédigé son rapport, mais l'avait reçu de Rothschild par un valet de pied. Il est d'ailleurs à remarquer que Burdeau, en 1883 et 1885, comme directeur du *Globe*, avait vivement attaqué le privilège de la Banque de France, soutenant que l'émission des billets n'était pas couverte par l'encaisse métallique, qu'ainsi la Banque de France mettait en circulation 1.500 millions de fausse monnaie, etc.

Drumont reproduisit ces articles : « Pour que « la vision d'un homme soit ainsi troublée tout à « coup », disait-il, « il faut qu'il ait reçu un « *bouche-œil* de proportions exceptionnelles, un « *bouche-œil* qui boucherait l'œil énorme de Po« lyphème ».

Burdeau assigna Drumont en diffamation et l'affaire vint devant la cour d'assises le 14 juin. Burdeau avait pour avocat Waldeck-Rousseau, à ce moment retiré de la politique. Le ministère public était occupé par l'avocat général Cruppi, qui avait épousé une petite-fille de Crémieux et qui, plus tard, devait devenir député, ministre et sénateur. Il prononça un réquisitoire très violent, qualifia *la France juive* de « Bottin de la diffamation », Drumont de « diffamateur vulgaire » et demanda une sévère condamnation.

Drumont présenta lui-même sa défense, exposa les palinodies de Burdeau, montra la puissance de la finance juive, le mal qu'elle faisait au pays. Son avocat, Me de Saint-Auban, établit la bonne foi de son client, puis Burdeau prit la parole, parla de sa vie de travail, rappela qu'il avait été décoré pour sa conduite en 1870, et termina en accusant Drumont d'avoir diffamé sa femme et ses enfants, ce qui était inexact et que Drumont rectifia.

Les jurés se retirèrent dans la salle des délibérations. D'après ce qu'ils ont raconté par la suite dans une série d'interviouves publiées par *la Libre Parole*, ils étaient fort perplexes. À l'époque, le Panama n'avait pas encore éclaté et l'idée de la vénalité parlementaire n'était pas très répandue. Burdeau avait ému les jurés; d'autre part, ils croyaient à la bonne foi de Drumont. Ils voulaient acquitter le gérant et faire infliger à Drumont une peine légère qui donnât une satisfaction morale à Burdeau. Ils demandèrent au président des assises, le conseiller Mariage, de venir dans la salle des délibérations et de les éclairer sur la manière de rendre un verdict conforme à leurs intentions.

Le président Mariage avait dirigé les débats avec une partialité qui avait provoqué des manifestations dans la salle, bousculant les témoins de la défense, coupant la parole à Drumont, etc. À la question des jurés, il répondit en expliquant longuement le mécanisme des circonstances atténuantes et conclut en promettant que la peine serait minime. Confiants, les jurés acquittèrent le gérant du journal et reconnurent Drumont coupable avec circonstances atténuantes.

Mariage rendit alors son arrêt. Il condamna Drumont à trois mois d'emprisonnement et à mille francs d'amende, puis, appliquant le principe énoncé jadis par Gambetta dans le style si élégant qui lui était propre : « Frappez à la caisse », il condamna en outre Drumont à faire insérer l'arrêt dans *quatre-vingts* journaux de Paris ou des départements, le taux de chaque insertion ne devant pas excéder *mille francs*, sans préjudice de huit insertions consécutives en première colonne de la première page de *la Libre Parole.*

Dans un procès de presse antérieur, où le *XIXe Siècle* avait été condamné sans circonstances atténuantes, la cour n'avait prononcé que trois mois de prison et vingt insertions à deux cents francs.

Les jurés furent indignés : ils signèrent un recours en grâce, « ce qui ne s'est jamais fait à la « suite d'un procès de presse », a dit Drumont, et donnèrent à *la Libre Parole* des interviouves où ils racontaient la façon dont ils avaient été « joués » par le président Mariage.

Celui-ci, d'ailleurs, riposta par une interviouve dans *l'Écho de Paris*, où il déclara que le jury se compose en général de « bons bourgeois, épi« ciers, bottiers, rentiers ou gargotiers... incapa« bles de comprendre et de déchiffrer le code ».

Il aurait pu ajouter : « ...non plus que la cons-
« cience de certains magistrats de la répu-
« blique ».

II. — *Le Président Albanel.*

Joseph Caillaux avait épousé en 1906 Mme Gueydan, épouse divorcée de M. Jules Dupré. En 1911 il divorça pour épouser Mme Rainouard, femme divorcée de Léo Claretie.

En décembre 1913, il devint ministre des finances dans le cabinet Doumergue. Dès son arrivée au pouvoir, Gaston Calmette, directeur du *Figaro*, entama contre lui dans ce journal une très vive campagne. Il l'accusait de cumuler ses fonctions publiques avec celles d'administrateur de banques étrangères, d'avoir, tout au moins par négligence, facilité un coup de bourse sur la rente française, et enfin d'avoir, en 1911, étant ministre des finances dans le cabinet Monis, abusé de son autorité pour faire suspendre l'action judiciaire entamée contre Rochette pour escroquerie.

Le 13 mars 1914, Calmette publia la lettre dite « Ton Jo ». D'une lettre, signée « Ton Jo », et adressée en 1901 à Mme Gueydan, Calmette avait extrait un passage où Caillaux se vantait d'avoir, dans un discours à la Chambre, « écrasé l'impôt

« sur le revenu, en ayant l'air de le défendre », alors qu'officiellement il s'en prétendait le plus chaud partisan.

Les époux Caillaux étaient très émus de cette campagne de presse. Elle avait valu, paraît-il, quelques avanies à Mme Caillaux dans le monde, dans les tribunes de la Chambre et chez des fournisseurs. Caillaux, en outre, redoutait la publication dans *le Figaro* du « rapport Fabre ». Dans ce document, daté du 31 mars 1911, le procureur général Victor Fabre relatait qu'il avait dû céder aux ordres réitérés de Monis, président du conseil et ministre de la justice, agissant à l'instigation de Caillaux, et qu'il était intervenu auprès du président de la chambre correctionnelle Bidault de l'Isle pour faire ajourner le procès de Rochette. Il concluait : « Jamais je n'ai subi une telle humiliation ». En 1912, le procureur général avait remis ce rapport à Briand, alors garde des sceaux dans le cabinet Poincaré, et ensuite président du conseil. Briand l'avait passé, en 1913, à son successeur Barthou, et ce dernier, en quittant à son tour le ministère, l'avait gardé par devers lui. Mais il circulait des copies du rapport Fabre et on disait que Calmette en possédait une et allait la publier.

Il y avait aussi les « documents verts ». Lors de l'affaire d'Agadir, en 1911, on avait intercepté un télégramme chiffré de l'ambassadeur d'Allemagne à Paris invitant le ministre des affaires étrangères de Berlin à traiter directement avec Caillaux, alors président du conseil, Caillaux devant être plus accommodant que le ministre des affaires étrangères de Selves ou l'ambassadeur de France à Berlin, Jules Cambon. De Selves en avait conclu que Caillaux avait entamé des pourparlers occultes. Il s'en était plaint, paraît-il, à Fallières, président de la république, et à Clemenceau. On avait raconté en outre que Caillaux avait reproché à l'ambassadeur allemand d'avoir expédié un pareil télégramme, ce qui, naturellement, avait appris à cet ambassadeur que nous connaissions son chiffre. En tout cas, le 6 janvier 1912, à une séance de la commission sénatoriale chargée d'examiner l'accord franco-allemand intervenu à la suite d'Agadir, et qui comportait la cession à l'Allemagne d'une partie du Congo français, Clemenceau demanda à de Selves si Jules Cambon ne s'était pas plaint « de l'intrusion de certaines personnes » — agents de Caillaux — dans les négociations diplomatiques. De Selves refusa de répondre, malgré l'insistance de Clemenceau, qui allégua les « confidences » non sollicitées que lui avait faites de Selves à ce sujet et parla même de la Haute-Cour pour Caillaux. Le même jour, de Selves se démit de ses fonctions, ne pouvant, disait-il, « assumer plus longtemps la responsabilité d'une politique extérieure à laquelle faisaient défaut l'unité de « vues et l'unité d'action solidaire ». Le lendemain, le ministère Caillaux tombait.

Les véritables motifs de cette chute étaient restés ignorés du public. Or on affirmait que Calmette avait la copie des « documents verts », c'est-à-dire des dépêches de l'ambassadeur d'Allemagne, et que, s'il n'en avait pas encore fait usage, c'était sur l'invitation expresse du président du conseil Doumergue, transmise par Barthou. Néanmoins, Caillaux restait sous la menace et sous le danger de ces révélations.

***

Le 16 mars 1914, dans la matinée, Caillaux et sa femme conférèrent entre eux de la campagne de Calmette. A la suite de la lettre « Ton Jo » ils redoutaient, ont-ils dit, que Calmette publiât des « lettres intimes » qu'ils avaient échangées alors que Caillaux était encore marié à Mme Gueydan, et qui étaient tombées en la possession de celle-ci. En fait, depuis la lettre « Ton Jo », Calmette était simplement revenu sur l'affaire Rochette, et, ce matin du 16 mars, sous le titre : « Un intermède comique, les notes biographiques de « Jo » par M. Joseph Caillaux », il reproduisait une notice que Caillaux avait rédigée sur lui-même lors de son entrée dans le ministère Waldeck-Rousseau. Aucune allusion n'était faite à des « lettres intimes », et d'ailleurs nul, dans le monde de la presse ou de la politique, n'ignorait que Calmette ne s'abaissait pas à certains procédés de polémique.

Caillaux étant sorti pour se rendre au ministère, sa femme convoqua par téléphone le président du tribunal de la Seine, Ferdinand Monier, pour lui demander conseil. Ce magistrat — qui devait plus tard être destitué pour ses relations avec le traître Bolo — expliqua à Mme Caillaux qu'il n'y avait pas de moyen légal d'arrêter une campagne de presse et que, si l'on intentait un procès à Calmette, l'affaire serait jugée en cour d'assises, ce qui rendait l'issue très aléatoire. De son côté, Caillaux, après le conseil des ministres, exprima à Poincaré, président de la république, sa crainte de voir Calmette faire usage des « lettres intimes ». Poincaré — il en a déposé — déclara qu'il « tenait M. Calmette pour un galant « homme, tout à fait incapable de publier des let- « tres qui mettraient en cause Mme Caillaux ». Il ajouta que, néanmoins, comme il devait voir l'après-midi Me Maurice Bernard, très lié avec Calmette, et qui en outre avait plaidé pour Caillaux lors de son divorce — Me Bernard était aussi l'avocat de Rochette — il le prierait de faire une démarche auprès du directeur du *Figaro*, et qu'ainsi on aurait toute garantie contre l'improbable éventualité que paraissait redouter Caillaux.

Lorsque Caillaux revit sa femme, il ne lui parla pas de son entrevue avec le président de la république, bien que l'intervention de Me Bernard fût de nature à rassurer Mme Caillaux, si vraiment elle pensait que Calmette allait s'occuper d'elle. Amené plus tard à s'expliquer sur ce point, Caillaux soutint que Poincaré l'avait simplement invité à demander à Me Bernard un « conseil juridique ». En revanche, Mme Caillaux rendit compte de son entrevue avec le président Monier, et Caillaux déclara que, dans ces conditions, il irait « casser la g... à Calmette ».

Après le déjeuner, Mme Caillaux fit diverses courses. Elle passa au stand Gastinne-Renette; elle y acheta un browning, l'essaya sur la silhouette *ad hoc*, le rechargea, et, une fois dans son automobile, elle eut soin d'introduire une cartouche dans le canon de l'arme et de mettre celle-ci au cran de sûreté. Rentrée chez elle, elle se fit « servir à goûter », et écrivit à son mari une lettre pour l'aviser que ce serait elle qui « ferait justice » de Calmette. Elle remonta en voiture, prit la précaution de faire enlever à son chauffeur sa cocarde tricolore, afin de ne pas attirer l'attention, et se fit conduire au *Figaro*. Il était environ cinq heures un quart. Sans vouloir donner son nom, elle demanda à parler à Calmette. Comme il n'était pas là, on introduisit Mme Caillaux dans le salon d'attente, où elle resta pendant une heure, sans manifester la moindre impatience ni la moindre nervosité.

Vers six heures un quart, on l'avertit que Calmette était arrivé; elle lui fit passer sa carte sous une enveloppe préparée d'avance. Elle fut introduite dans le cabinet de Calmette. Sans dire un mot, elle tira son revolver de son manchon, dégagea le cran de sûreté, et abattit Calmette de quatre balles, deux autres balles s'étant égarées. Le personnel du journal accourut; Mme Caillaux était toujours très calme : « Tout le monde n'a pas l'émotion bruyante », a-t-elle fait remarquer par la suite. En effet, aux gens qui se précipitaient sur elle, elle dit : « Je suis une dame... je suis la femme du ministre des finances... je viens de faire justice ». Comme on maniait son revolver, elle recommanda de prendre des précautions, car peut-être restait-il encore une balle dans le canon. Puis elle émit la prétention d'être conduite au Palais de justice, et exigea tout au moins qu'on la menât au commissariat de police dans *son* automobile. Avisé immédiatement, Caillaux se rendit également au commissariat.

Sa femme n'avait pas l'émotion bruyante; lui l'avait hiérarchique : « Vous ne pouvez pas saluer? » dit-il à l'agent de planton devant le poste, qui ne l'avait pas reconnu.

L'instruction fut confiée au juge Boucard. C'était un spécialiste des enquêtes sur la disparition des ennemis du régime; il avait donné sa mesure lors de l'affaire Syveton. Mme Caillaux fut internée à Saint-Lazare, mais elle eut toute liberté de conférer avec son mari et de concerter avec lui sa défense : on le vit de reste aux assises. Aucune perquisition ne fut faite et, si le dossier s'enrichit de la lettre qu'avait écrite Mme Caillaux à son mari avant le crime, c'est parce que Caillaux la remit spontanément au juge d'instruction.

L'affaire vint aux assises de la Seine le 20 juillet 1914, en pleine crise européenne. Les audiences furent présidées par le conseiller Albanel; le ministère public était tenu par le procureur général Herbaux; Mme Caillaux avait pour défenseur Me Labori. Les enfants de Calmette, représentés par leur tuteur, s'étaient portés partie civile et leur avocat était Me Chenu.

Le président qui, au cours des débats, devait, suivant le mot de Barthou, donner tant de preuves de son impartialité, manifesta cette impartialité dès l'interrogatoire de Mme Caillaux. En général, le président pose des questions; s'il se réfère aux déclarations faites à l'instruction, c'est pour obtenir des explications supplémentaires. Tous ses efforts devant tendre à faire apparaître la vérité, il doit, semble-t-il, s'attacher tout au moins à vérifier les dires de l'accusé. A l'audience du 20 juillet fut inaugurée une méthode toute nouvelle. L'interrogatoire fut un monologue de Mme Caillaux. Le président ne posa pas de questions; tout au plus fit-il remarquer à l'accusée qu'elle aurait intérêt à préciser tel ou tel point. Lorsqu'il se référait à l'instruction, c'était simplement pour rappeler à Mme Caillaux ses déclarations antérieures, comme s'il craignait qu'elle les eût oubliées et qu'elle risquât de se démentir. Le tout, d'ailleurs, enveloppé dans les formes les plus choisies de la plus obséquieuse déférence : « Continuez, Madame... Madame, je crois que le « moment est venu de vous demander quelques « précisions... Vous avez dit à l'instruction... « Vous avez expliqué... Voulez-vous exprimer « toute votre pensée à MM. les jurés... Expli- « quez votre pensée .. Voulez-vous me permettre « une toute petite question?... »

Bien entendu, tout ce que dit Mme Caillaux fut accepté sans la moindre objection. A un instant, elle parle de son entrevue avec le président Monier et prétend que celui-ci a dit : « Il est « bien étonnant qu'il n'y ait pas plus de gens « pour casser la figure des autres ». A l'instruction, le président Monier avait opposé un démenti à cette allégation. Le conseiller Albanel est bien obligé de signaler la contradiction, mais c'est pour la justifier : « Le président Monier, « dans sa déposition... a ajouté que vous aviez « pu commettre une erreur de bonne foi... que « vous auriez fait une confusion ». Me Chenu fait observer que « le président Monier a nié « formellement le propos. — J'écoute ce que dit « l'accusée », répond le conseiller Albanel. Me Chenu insiste : « C'est à vous de poser la « question au président Monier », conclut le président des assises, alors que c'est à lui que la loi impose le devoir de « répandre un jour utile sur le fait contesté » (code instr. crim., art. 269).

Il en est de même pour tous les « faits contestés ». Mme Caillaux affirme que, pendant sa station dans le salon d'attente du *Figaro*, elle a entendu à plusieurs reprises parler de la campagne menée contre son mari : « Enfin, vous sa« vez », dit le président, « que tous les témoins « qui ont été entendus ont prétendu qu'il n'avait « pas été question de votre mari dans les conver« sations ». Cette observation lui suffit. Il y a d'un côté Mme Caillaux qui affirme, de l'autre des témoins qui « prétendent « : pour le président, la question n'est pas élucidée.

Mme Caillaux affirme également, contrairement à tous les témoignages, que, lorsqu'elle fut avertie que Calmette allait la recevoir, elle a entendu quelqu'un crier : « Faites entrer Mme Caillaux », et une autre voix répéter son nom. L'incident est d'importance, car si vraiment Mme Caillaux a été signalée à l'attention de tout le personnel du journal et de tous les visiteurs, elle a pu perdre son sang-froid, entrer chez Calmette sous le coup d'une grande surexcitation. Aussi le président ne fait-il nulle allusion aux dépositions contradictoires : « Expliquez à « MM. les jurés cette circonstance », dit-il. La « circonstance » en question semble ainsi hors de contestation, et MM. les jurés comprendront que « les coups soient partis tout seuls » comme le dira Mme Caillaux.

On en arrive à la scène du crime. Mme Caillaux a toujours prétendu que le cabinet de Calmette était quasi dans l'obscurité et n'était éclairé que par deux lampes placées sur le bureau : ainsi elle n'a pu viser sa victime, elle a tiré au hasard, elle ne voulait pas tuer. Cette fois, la « circonstance » est trop grave pour qu'on la néglige complètement. Aussi le président va-t-il traiter la question : « Il y a deux témoins, ou « peut-être un seul témoin, qui vous donnent un « démenti sur ce point et qui prétendent que la « cheminée était éclairée en même temps que le « bureau par les lampes qui s'y trouvaient pla- « cées. Vous rappelez-vous si le bureau était éclai- « ré par ses quatre lampes? » Cette habile équivoque sur les « lampes » de la cheminée tend à faire croire que les dites lampes étaient disposées pour éclairer la cheminée, alors que les lampes étaient portées par des appliques fixées de chaque côté de la cheminée, de telle sorte qu'une fois allumées elles éclairaient, non pas le bureau « en même temps » que la cheminée, mais toute la pièce. « Nous entendrons des témoins à ce su- « jet », ajoute le président. Sans doute, puisque ces témoins sont cités. Mais un « peut-être » insidieux a déjà écarté l'un d'eux. Pour celui qui reste, son audition aussi est préparée et, quand il vient affirmer qu'il a lui-même allumé les deux appliques de la cheminée, le président résume : « Ainsi, M. Sirac aurait, lui, allumé les deux ap- « pliques ». Il faut que Me Chenu intervienne : « Oui, M. le président, avec cette différence que « je ne dis pas : il *aurait* allumé, mais il *a* allu- « mé ». Cette riposte enleva au conseiller Albanel toute envie de discuter à nouveau la question avec le deuxième témoin, et il s'arrangea pour ne même pas la poser.

Enfin, sur le crime lui-même, le président glisse très rapidement. Il rappelle les déclarations de Mme Caillaux à l'instruction : « Vous avez « dit que les coups étaient partis tout seuls; « vous avez même ajouté que vous ne pensiez « pas avoir blessé Gaston Calmette ». Donc, Mme Caillaux n'a pas voulu tuer Calmette ; « même » en déchargeant sur lui son revolver, elle ne pensait pas le blesser ; il est vrai aussi qu'elle a dit « qu'elle venait de faire justice », mais le président omet de le lui rappeler. Il est pressé de liquider le rapport d'autopsie. Il résulte en effet de ce rapport que les balles qui ont frappé Calmette étaient toutes sur la même verticale. Ainsi, comme devait l'établir Me Chenu dans sa plaidoirie, « la main qui avait « tiré » n'avait pas dévié latéralement, mais « s'était déplacée dans le sens de la hauteur « pour suivre l'homme... sur lequel on tirait « plus ou moins haut, suivant qu'il restait de- « bout ou qu'il se baissait ». En un mot, la meurtrière a constamment visé sa victime : les constatations matérielles des experts en font foi. « Pouvez-vous donner quelques explications à « cet égard? », interroge le président. Et comme Mme Caillaux garde le silence, c'est lui qui fait la réponse : « Vous vous êtes expliquée, je crois; « vous avez dit que vous n'aviez pas pu baisser la main ». Telle est « l'explication » que le président « croit » se rappeler. C'est même pour lui une « précision », et il demande à Mme Caillaux si elle n'en a pas « d'autres » à fournir sur le « drame lui-même ». Toutefois, il importe de ne pas laisser les jurés sous l'impression du « drame ». Aussi le président invite-t-il l'accusée — on pourrait dire sa cliente — à faire connaître de nouveau « comment elle a été amenée à com- « mettre cet acte... et toutes les circonstances qui « pourraient être utiles à sa défense », et cela, « avant la fin de l'interrogatoire » — celui-ci ne doit pas se terminer sur l'évocation du cadavre de Calmette — « quitte à y revenir et à y insister « lors de l'audition des témoins ». Car il y a des témoins gênants, et le président indique discrètement comment on pourra faire une diversion à leurs témoignages. Mme Caillaux a compris : elle fait une très longue déclaration sur « l'état « dans lequel l'avait mise cette campagne du *Fi-* « *garo* ». Le président clot alors l'interrogatoire, comme s'il prenait congé dans un salon : « Vous « n'avez plus rien à ajouter, Madame, quant à « présent?... Vous n'avez plus rien à dire, Ma- « dame? Veuillez vous asseoir ».

*
* *

Lorsque Caillaux vint à la barre, il demanda la permission de consulter des notes. La loi prescrit que les témoins doivent être « entendus oralement », mais il est en effet d'usage de les autoriser, s'ils le désirent, à s'aider de quelques notes. Le président se contenta de demander au ministère public et à la partie civile s'ils faisaient quelque objection. Seulement, lorsque Mme Gueydan, à une audience suivante, voulut, elle aussi, consulter des notes, le président le lui interdit « d'après la loi », et une longue discussion s'engagea sur ce point.

A la fin de la déposition de Mme Gueydan se produisit l'incident des « lettres intimes ». Me Chenu désirait que ces lettres fussent versées aux débats : il voulait montrer qu'elle ne contenaient rien de compromettant pour Caillaux, tant au point de vue politique qu'au point de vue de la décence — le bruit avait couru qu'elles étaient d'un style risqué — et que, par suite, ce n'était pas la crainte de les voir paraître dans *le Figaro* qui avait pu déterminer Mme Caillaux à tuer Calmette. Mme Gueydan refusait de les livrer. Le président aurait pu les faire saisir, mais, bien entendu, il se garda d'intervenir. Mme Gueydan finit par remettre un paquet de huit lettres à Me Labori. Celui-ci, assez surpris, n'osa pas les refuser et, comme un maître du barreau n'est jamais court d'une période oratoire pour masquer sa gêne, il déclara que « personne encore, « depuis qu'il était avocat, ne lui avait fait un « pareil honneur ». Mais, après avoir lu ces lettres, Me Labori s'en trouva singulièrement embarrassé; à l'audience suivante, il voulut les rendre à Mme Gueydan, qui les refusa. Me Labori émit alors la prétention de ne lire que trois des lettres, mais Mme Gueydan exigea qu'elles fussent toutes lues. La discussion se poursuivait avec quelques interventions ironiques de Me Chenu, et Me Labori perdait visiblement du terrain, ne sachant comment sortir de l'impasse où il s'était engagé. Le président vint à son secours. Tranquillement, il annonça : « Nous sommes « arrivés à l'heure de la suspension de l'au« dience. »

Cette intervention si opportune souleva les protestations de l'audience, et l'un des assesseurs, le conseiller Dagoury, dit au président à mi-voix, mais de manière à être entendu : « Monsieur, « vous nous déshonorez ». Finalement, après la suspension, Me Chenu obtint les lettres en litige, mais le mot du conseiller restait : le juge avait jugé le juge, et tout le procès.

Cependant le président Albanel n'avait pas

compris, ou pas voulu comprendre. Il se borna, le lendemain — l'incident ayant été relaté dans la presse — à affirmer qu'il « avait, plus que « personne, le souci de son honneur et de celui « de la magistrature, quoi qu'on en eût dit ». Il fit encore preuve de ce souci ultérieurement, lorsque Caillaux vint à la barre lire le testament de Calmette et y ajouta des commentaires qui visaient à déshonorer la victime, en montrant que la fortune de Calmette était considérable, et en insinuant que la source de cette fortune était impure. Le président aurait dû, aux termes de la loi, s'opposer à cette lecture qui ne « tendait qu'à prolonger les débats sans donner « lieu d'espérer plus de certitude dans les résul- « tats » (code instr. crim., art. 270). Il se contenta de demander à Caillaux comment il avait ce document : « De la même façon que M. Calmette « a eu la lettre Ton Jo », répondit Caillaux avec désinvolture. Le président s'estima satisfait. Caillaux précisa ensuite qu'il avait « des appuis « inconnus et infiniment étendus dans la démo- « cratie ». Il est difficile d'imaginer que c'est grâce à ces appuis si étendus dans la démocratie qu'il avait pu se procurer le testament de Calmette; il ne pouvait le tenir que du notaire ou du fisc. Mais, sans la moindre observation, le président, usant de son « pouvoir discrétion-

« naire », versa au dossier cette pièce dont la divulgation était un scandale et prouvait qu'en république les secrets de famille sont à la disposition d'un potentat du régime : la magistrature entérinait la forfaiture de l'administration.

Non seulement l'administration, mais le gouvernement étaient aux ordres de Caillaux. Lorsqu'il fut question des « documents verts », Caillaux protesta qu'il s'agissait de « faux », ajoutant qu'il mettait qui que ce fût au défi de produire des documents authentiques portant atteinte soit à son patriotisme, soit même à son « esprit de « clairvoyance politique ».

Le procureur général Herbaux, qui assistait impassible aux débats, ne posant jamais une question, ni à l'accusée, ni aux témoins, crut cette fois devoir intervenir pour « clôturer l'incident « véritablement irritant et pénible », et il donna lecture d'une déclaration qu'avait faite Poincaré, alors président du conseil, le 15 mars 1912, au cours d'une interpellation sur la politique étrangère. Avec son courage bien connu, et dans le style spécial aux parlementaires, Poincaré avait protesté contre un débat qui risquait « de créer, « au grand préjudice du pays, des malentendus « entre des hommes qui, par des procédés par- « fois un peu différents, mais avec un idéal com- « mun, s'étaient tous loyalement efforcés de bien

« remplir à leur place et à leur heure leur devoir « de bons Français ». Le procureur général estimait avoir clos l'incident « dignement et définitivement » — en tous cas peu harmonieusement avec ces assonances « *leur heure leur* » qui eussent fait hurler Veuillot. Caillaux et Me Labori ne se tinrent cependant pas pour satisfaits et insistèrent pour avoir une déclaration « du gouvernement actuel ». Docilement, le procureur général s'exécuta. Non moins docilement, le « gouvernement actuel » fit la déclaration exigée : les documents en question n'existaient pas et n'avaient jamais existé.

Mais neuf ans plus tard, au procès Judet, en 1923, le procureur général Lescouvé, rappelant qu'à l'époque Judet avait réclamé la publication de « la pièce secrète du procès Caillaux », fit connaître que la déclaration lue par son prédécesseur était contraire à la vérité, et avait été imposée par la nécessité de ne pas fournir à l'Allemagne un prétexte pour déclarer la guerre, alors que la situation était déjà extrêmement tendue. Caillaux, sachant mieux que personne que la vérité ne pouvait être dite, en avait profité pour faire affirmer le contraire de la vérité.

*
* *

Ainsi gouvernement, administration, magistrature étaient à la disposition de Caillaux. L'issue du procès ne pouvait être douteuse. En vain Me Chenu prononça en faveur de la partie civile une plaidoirie, chef-d'œuvre de vigueur, de netteté, d'éloquence et de précision. Comme il parlait le premier, l'accusation après lui ne devait plus avoir la parole. A la vérité, le procureur général Herbaux, au début de son réquisitoire, demanda aux jurés de déclarer l'accusée coupable de meurtre avec préméditation, mais ce début fut bref. Le procureur général s'étendit avec complaisance sur les motifs qui avaient pu déterminer Mme Caillaux et, bien entendu, prouva qu'il était impossible de refuser les circonstances atténuantes. Il insinua même que le jury pouvait, par « un sentiment de générosité et d'hu- « manité », écarter la circonstance aggravante « indéniable » de la préméditation; c'était d'ailleurs, selon lui, un « point accessoire et secon- « daire ». Il conclut, « et fermement » — cet adverbe était nécessaire, car on pouvait s'y tromper — à un verdict de culpabilité dont il avait en somme écarté par avance tout motif.

Le 28 juillet, Mme Caillaux était acquittée. Le même jour, l'Autriche déclarait la guerre à la Serbie. Trois jours après, la mobilisation générale était décrétée en France. La guerre commençait par l'acquittement de la femme; elle devait se terminer par la mise en accusation du mari pour intelligences avec l'ennemi. Mais la Haute-Cour fut à peu près aussi secourable à l'un que la cour d'assises l'avait été à l'autre.

CHAPITRE VII

LES HAUTES-COURS.

Le sujet n'est pas épuisé, pour la raison qu'il est inépuisable. Il resterait à parler du « Million des Chartreux », à l'occasion duquel le procureur général Bulot expliqua qu'il s'était incliné « devant la raison d'État, le fait du Prince, si « vous voulez »; de l'affaire du liquidateur Duez, qui fit dire au garde des sceaux Barthou qu'il y avait « quelque chose de gangrené dans notre « organisation judiciaire »; du « cloaque » Rochette, où l'on vit l'inculpé, ayant comme avocat-conseil le sénateur Rabier, appointé à mille francs par mois, faire ajourner indéfiniment son procès, grâce à sa collusion avec le gouvernement et à la docilité du procureur général Fabre, qui, pour se maintenir en place, obéissait aux ordres du ministre après avoir « protesté avec énergie ». Un ou plusieurs chapitres pourraient être consacrés à énumérer les jugements ou arrêts rendus par des magistrats comme les Bertulus, les Worms, les Bompard, les Thomas, et à raconter l'histoire ou les histoires de ce président Monier, l'ami de Bolo, et dont la partialité en matière civile était le scandale du Palais. Il faudrait rappeler les procès financiers de toutes sortes, la Banque industrielle de Chine, les « mistelles », et tant d'autres affaires encore, sans préjudice des innombrables procès de presse où, comme par une règle invariable, la peine appliquée pour un délit varie du simple au double suivant qu'elle frappe un ami ou un adversaire du régime.

Mais il importe de faire au moins mention d'une des juridictions de la « Justice républicaine », à savoir la Haute-Cour.

Cette juridiction procède du principe énoncé un jour par Madier de Montjau : « Débarrassons-« nous vite de ce qui nous gêne ». Personne n'a sur elle d'illusions. Clemenceau l'a caractérisée lors de l'interpellation sur la pièce de Sardou, *Thermidor*. Parlant de la Haute-Cour qui avait condamné Boulanger, il s'est écrié, à l'adresse de Joseph Reinach : « Nous avons fait ensemble « un tribunal révolutionnaire, et le pire de tous... « La condamnation était... assurée d'avance ». Caillaux a cité « une autre parole prononcée ja-« dis par un homme d'État cynique », dont malheureusement il n'a pas donné le nom : « La « Haute-Cour est un tribunal fait pour condam-

« ner les adversaires du gouvernement, non « pour les juger ».

Telle est la règle. Il a fallu un ministère présidé par un « homme d'énergie » comme Poincaré, pour que l'on vît le Sénat se refuser à juger des accusés à lui déférés par le gouvernement.

Mais, hors le cas de Cachin et de ses acolytes, la Haute-Cour s'est toujours reconnue compétente et a toujours condamné.

La compétence de la Haute-Cour est définie par la constitution. Aux termes de l'art. 9 de la loi du 24 février 1875 et de l'art. 12 de la loi du 16 juillet 1875, le Sénat peut être constitué en cour de justice pour juger le président de la république ou les ministres mis en accusation par la Chambre pour crimes commis dans l'exercice de leurs fonctions, ainsi que « toute personne « prévenue d'attentat contre la sûreté de l'État ». Il est à remarquer que les constitutions antérieures, celles de 1848 et de 1852, déféraient à la Haute-Cour les attentats *ou complots* contre la sûreté de l'État. Comme, en outre, le code pénal distingue expressément l'attentat du complot (il précise, art. 88, que « l'exécution ou la tentative constitueront seules l'attentat »), il en résulte qu'aux termes de la constitution actuelle la Haute-Cour n'est qualifiée que pour juger les attentats, à l'exclusion des complots.

L'art. 12 de la loi du 16 juillet 1875 prévoyait en outre qu'une loi spéciale déterminerait « le « mode de procéder pour l'accusation, l'instruc- « tion et le jugement ».

Cette dernière loi fut votée hâtivement, et seulement en ce qui concernait les poursuites pour attentat, lorsque le gouvernement décida de traduire en Haute-Cour le général Boulanger, Henri Rochefort et le comte Dillon. Le décret de convocation de la Haute-Cour est en effet du 8 avril 1889; et la loi de procédure ne fut votée à la Chambre que le 9, et promulguée que le 10. Cette loi spécifiait en particulier, dans son art. 23, que les dispositions pénales visant le fait poursuivi seraient appliquées par le Sénat, sans qu'il pût y substituer des peines moindres. Le général Boulanger, Henri Rochefort et le comte Dillon étaient accusés à la fois d'attentat et de complot. La droite du Sénat souleva la question de compétence en ce qui concernait l'accusation de complot, mais la Haute-Cour proclama sa compétence en vertu du raisonnement suivant : le mot *attentat* devait « évidemment » être pris dans son « sens générique »; donc la Haute-Cour devait connaître « de tous les attentats, c'est-à-dire de tous les « actes attentatoires, y compris le complot, » pouvant compromettre la sûreté de l'État. Les sénateurs étendaient leur compétence à la langue française et s'exerçaient dès le premier jour à violer les lois.

La question se posa de nouveau en 1899 pour André Buffet, le comte Eugène de Lur-Saluces, Déroulède, Marcel Habert et Guérin. Cette fois intervint M. Wallon, dit « le père de la constitution »; il déclara que, si le Sénat se reconnaissait compétent pour juger une accusation de complot, il commettrait une véritable forfaiture. Mais la Haute-Cour se conforma à la juridiction si ingénieusement instituée dix ans auparavant et, bien entendu, condamna les accusés.

La Haute-Cour fonctionna encore en 1918 et en 1920 pour juger Malvy en sa qualité d'ancien ministre, et Caillaux. Ils furent condamnés tous deux, conformément à la règle, mais, en leur qualité de membres de la noblesse républicaine, et comme il ne s'agissait que de crimes contre la patrie et non contre le régime, ils bénéficièrent d'une indulgence particulière.

Caillaux, convaincu de correspondance avec l'ennemi dans les conditions prévues par l'art. 79 du code pénal, était passible de la détention : il encourut simplement trois ans de prison et, compte tenu du temps passé en prévention, fut mis immédiatement en liberté. Il fut en outre privé de ses droits civiques pendant dix ans, et soumis pour cinq ans à l'interdiction de séjour.

Cette condamnation, quelque bénigne qu'elle fût en regard de l'infraction commise, ne violait toutefois aucune disposition de la loi, la peine de la détention pouvant être abaissée jusqu'à un an prison par l'admission des circonstances atténuantes.

Au contraire, en ce qui concernait Malvy, la Haute-Cour, tant pour la qualification du fait que pour l'application de la peine, viola toutes les prescriptions légales.

Le 30 septembre 1917, Léon Daudet, par lettre ouverte adressée au président de la république, avait accusé Malvy d'avoir livré à l'ennemi le plan d'opérations du mois d'avril précédent et d'avoir provoqué les mutineries militaires qui suivirent l'échec de cette offensive. Painlevé, alors président du conseil, était intervenu avec le tact et l'à-propos qui lui sont coutumiers, sans, bien entendu, faire avancer la question d'un pas. Malvy se décida, le 22 novembre, à demander lui-même sa comparution en Haute-Cour : il escomptait un acquittement triomphal, pensant que Daudet ne pourrait apporter aucune preuve matérielle de ses accusations.

C'était la première fois que la Haute-Cour avait à juger un ministre. La loi prévue dès 1875 pour fixer la procédure en pareil cas n'avait jamais été déposée; de même que pour Boulanger, il fallut en voter une d'urgence. En république, on « organise » au fur et à mesure des nécessités.

Cette nouvelle loi fut promulguée le 5 janvier 1918. Ses principales dispositions visaient la constitution du ministère public, composé d'un procureur général et de deux avocats généraux désignés par la cour de cassation parmi ses membres inamovibles. En outre, la loi maintenait, pour les débats et le jugement, les prescriptions antérieures de la loi du 10 avril 1889, en particulier celles de l'art. 23 de cette loi, sur les dispositions pénales à appliquer.

*
* *

On aurait pu croire que le Sénat, dans l'examen de l'affaire Malvy, se serait conformé à la loi qu'il avait votée spécialement pour cette affaire : ce fut l'inverse qui eut lieu.

Le procureur général Mérillon écarta les accusations de Léon Daudet, mais retint à la charge de Malvy le crime de complicité avec « la canaille du *Bonnet rouge* » pour « intelligences avec l'ennemi », crime qui entraînait la peine de mort.

Les sénateurs se trouvèrent un instant embarrassés. Malvy appartenait au parti qui constituait la majorité du Sénat, et cette majorité ne voulait pas imputer une trahison à l'un de ses adeptes; d'autre part, on était en pleine guerre, l'opinion publique était très montée contre l'accusé; enfin, Clemenceau était président de la commission de l'armée du Sénat, il avait en séance « accusé » Malvy « d'avoir trahi les intérêts de la France ». En 1918, il n'eût pas été prudent aux sénateurs de s'insurger contre Clemenceau.

Ils trouvèrent bientôt une solution au problème ainsi posé. Ils déclarèrent Malvy non coupable d'intelligences avec l'ennemi, tant comme auteur principal que comme complice. Ainsi il échappait à la peine capitale. Restait à donner satisfaction à Clemenceau et à l'opinion. L'artifice de la « question subsidiaire » y pourvut.

La Haute-Cour commença par affirmer son « pouvoir souverain » en invoquant l'origine constitutionnelle de sa juridiction. La constitution dit, en effet, que la Cour de justice « juge » les ministres; sans doute les sénateurs de 1918, à l'exemple de ceux de 1889, estimèrent qu'il faut entendre les mots dans leur « sens générique ». Ils s'attribuèrent donc tous droits de compétence, de qualification des faits, de choix et de graduation des pénalités, sans avoir à tenir aucun compte des prescriptions légales. A la vérité, ils avaient voté le 5 janvier une loi qui précisément les astreignait aux prescriptions légales, mais, ayant décidé de violer toutes les lois, ils auraient cru manquer à l'impartialité en respectant celles qu'ils avaient faites eux-mêmes.

Ainsi armée, la Haute-Cour, ayant antérieurement déchargé Malvy de toutes les accusations portées contre lui, se posa la « question subsidiaire » de savoir si Malvy n'avait pas commis une forfaiture, et y répondit affirmativement dans son arrêt du 6 août 1918.

Elle déclara « constant » que, dès la fin de 1914, un plan avait été concerté « pour ruiner « la défense du pays en portant atteinte à la for« ce morale de la nation et à l'esprit de discipline « de l'armée »; elle affirma que « Malvy n'avait « pas ignoré l'existence de cette criminelle en« treprise »; que non seulement il n'avait pas réprimé cette propagande, mais qu'il avait « ac« cordé des subventions » au *Bonnet rouge*, « fa« cilité par des faveurs et des complaisances « abusives les agissements criminels » de cette bande, et « entravé la surveillance des tracta« tions » d'un espion; qu'il s'était « refusé à « empêcher la propagande antipatriotique » d'un anarchiste, et aussi « à autoriser dans les « imprimeries clandestines... la saisie de tracts « excitant les militaires à la désobéissance, à la « révolte envers leurs chefs et à la trahison en-

« vers la patrie »; enfin, « qu'en vertu des « instructions générales qu'il avait données, l'ac« tion des lois pénales avait été suspendue ou « empêchée au profit d'anarchistes notoires re« cherchés pour délits de droit commun ».

Mais le fait de connaître un plan de trahison contre la patrie et de ne pas le réprimer, celui d'accorder des subventions aux auteurs de ce plan et de faciliter leurs agissements criminels ne constituaient pas, pour la Haute-Cour, ainsi qu'elle l'avait déjà déclaré, la complicité telle que la définit le code pénal, à savoir l'aide ou l'assistance prêtée aux auteurs d'un crime. Dans son « pouvoir souverain », la Haute-Cour décidait que Malvy avait simplement « méconnu, violé « et trahi les devoirs de sa charge dans des con« ditions le constituant en état de forfaiture ».

Et, pour cette forfaiture, Malvy était condamné à cinq ans de bannissement, avec « dispense » de la dégradation civique (c'est-à-dire de l'exclusion des fonctions publiques, de la privation du droit d'élection, d'éligibilité, etc.) (1).

(1) L'arrêt ne fait mention d'aucune disposition du code pénal relative au fait pour lequel est prononcé la condamnation. Or les articles de la loi du 10 avril 1889 qui règlent les débats et la procédure sont applicables, comme nous l'avons dit, d'après la loi du 5 janvier 1918, aux jugements des ministres. En particulier, est applicable

Par son arrêt, la Haute-Cour introduisait dans notre législation un crime nouveau. En effet, aux termes du code pénal, la forfaiture, sauf le cas de coalition de fonctionnaires ou de partialité d'un administrateur (art. 121, 122, 126, 127, 183), ne peut être imputée qu'aux magistrats. Pour les fonctionnaires publics, la forfaiture est la qualification supplémentaire d'un crime commis par eux dans l'exercice de leurs fonctions (art. 166). Donc, en déclarant Malvy coupable de forfaiture, la Haute-Cour affirmait simplement en langage juridique que Malvy avait commis un crime dans l'exercice de ses fonctions. Il restait à préciser ce crime; mais la Haute-Cour s'y refusait, car elle eût été obligée, de par les considérants mêmes de l'arrêt, de reconnaître Malvy coupable de complicité d'intelligences avec l'ennemi, et, si elle admettait une vague trahison de devoirs de charge, elle ne voulait pas déclarer un ministre de la république traître envers la France. Il ne suffisait pas de

l'art. 23, qui prescrit que les dispositions pénales relatives au fait dont l'accusé sera reconnu coupable « seront rappelées textuellement dans l'arrêt ».

Mais évidemment la Haute-Cour eût été bien empêchée de rappeler ces dispositions, puisqu'elle imaginait un crime non prévu par le code.

sauver Malvy, il fallait en outre sauver la pudeur du régime.

La peine ne fut pas moins arbitraire que la qualification des faits. Aux termes du code, la forfaiture entraîne toujours comme peine minima la dégradation civique (art. 167), accompagnée ou non d'un emprisonnement allant jusqu'à cinq ans au maximum (art. 35). La Haute-Cour déchargeait donc Malvy du minimum de la sanction prévue par la loi, tout en lui infligeant une peine supérieure au maximum légal, peine qui, d'ailleurs, elle aussi, emporte de droit la dégradation civique (art. 28).

La *Ligue des Droits de l'homme* protesta contre cet arrêt quand il fut rendu, le traitant de « dérision de justice ». Mais plus tard, Malvy ayant terminé sa peine, la cour de cassation fut saisie « indirectement » de la question et, comme il s'agissait de faire annuler une disposition de l'arrêt contraire à la loi, mais favorable à Malvy, la *Ligue des Droits de l'homme* vit s'évanouir tous ses scrupules juridiques, démocratiques et de conscience, et n'intervint pas.

Un électeur du Lot demandait en effet la radiation de Malvy des listes électorales, pour le motif qu'aux termes de la loi le bannissement entraîne la dégradation civique. La cour de cassation, gardienne du droit, était ainsi appelée à se prononcer, tout au moins de façon incidente, sur la légalité de l'arrêt du 6 août 1918. Elle pouvait, dans sa noble indépendance, proclamer, comme l'avait fait la *Ligue des Droits de l'homme*, « qu'il n'y a qu'une souveraineté dans une « démocratie, celle de la loi »; qu'une juridiction, quelle qu'elle soit, doit « juger » conformément à la loi; qu'en appliquant une peine prévue par la loi, elle ne peut dispenser des effets légaux de cette peine. Car pareille dispense n'est en réalité qu'une grâce, et le droit de grâce est une prérogative du pouvoir exécutif. La cour de cassation maintint sa tradition : suivant elle, « il n'appartient à aucune autorité ni à aucune « juridiction de modifier, même indirectement », les décisions de la Haute-Cour. Ayant violé elle-même la loi en faveur de Dreyfus, elle ne pouvait guère s'indigner que le Sénat violât la loi en faveur de Malvy.

On savait, Ferry l'a dit dès 1870, et un député de l'Aisne nommé Dupuy — dont c'est d'ailleurs le seul titre pour passer à la postérité — l'a répété en 1889, qu'« en politique il n'y a pas de justice ».

Cette vérité a maintenant l'autorité de la chose jugée. On peut penser que la jurisprudence qui consiste à tenir les lois pour inexistantes, instaurée par la Haute-Cour de 1918, consacrée par la cour de cassation en 1924, sera appliquée à l'avenir dans « son sens le plus large », surtout si ce sont des royalistes qui sont en cause.

« Adage d'ailleurs incomplet », a dit Rochefort du mot de Ferry, « attendu qu'en dehors de la « politique il n'y a pas de justice non plus ».

On ne saurait mieux conclure que sur cette parole pleine de bon sens.

INDEX DES NOMS CITÉS

C

D

H

I

J

L

M

TABLE DES MATIÈRES

Société Française d'Imprimerie et de Publicité
— Bureaux : 15, rue du Laos, Paris (XVe) —
Angers : 4, rue Garnier et rue des Carmes

NOUVELLE LIBRAIRIE NATIONALE

3, Place du Panthéon, PARIS, Ve Chèq. post. Paris 3155

NOUVEAUTÉS

Camille Bellaigue. — **Promenades lyriques.** Un volume in-8° écu de 258 pages. Tirage limité sur alfa . . . . 15 fr.

Pietro Gorgolini. — **La Révolution fasciste.** Traduit de l'italien par Eugène Marsan avec une préface de G. Valois. Un vol. in-16 avec 10 photogravures hors texte . . . . 7 fr.

Charles Maurras. — **L'Enquête sur la Monarchie,** suivie de : *Une Campagne royaliste au Figaro* et de *Si le coup de force est possible*. Avec une très importante préface nouvelle et un index des noms cités. Un vol. in-8° carré de la collection des *Écrivains de la Renaissance Française*, de 750 p. . 16 fr. 50 (*franco*, 19 fr.)

Jacques Bainville. — **Heur et malheur des Français.** Edition définitive en un seul volume de *l'Avenir de la civilisation*, *l'Histoire de deux Peuples*, *l'Histoire de Trois générations* et de *l'Histoire de France*. Un volume in-8° carré de la collection des *Écrivains de la Renaissance Française*, de 700 p.. . 22 fr. 50 (*franco*, 25 fr.)

Georges Valois. — **Histoire et Philosophie sociales.** Edition définitive de *La Religion du Progrès*, *La Monarchie et la Classe ouvrière*, *La Bourgeoisie*, *Les Salons*, *Les Châteaux et le Peuple français*, *Le Cheval de Troie*, avec une préface commune, *L'Être et le Devenir*, et un index des noms cités. Un vol. in-8° écu de la collection des *Ecrivains de la Renaissance Française*, de 600 p. . . . . 16 fr. 50

Pierre Termier, de l'Académie des Sciences. — **A la Gloire de la Terre.** *Souvenirs d'un géologue.* Un vol. in-8 écu de 530 p. (Nouvelle édition). . 15 fr.

La I ... *nande.*

www.ingramcontent.com/pod-product-compliance
Ingram Content Group UK Ltd.
Pitfield, Milton Keynes, MK11 3LW, UK
UKHW022112260726
13993UKWH00001B/470